Möchten Sie diese Interpretationshilfe lieber am PC oder auf Ihrem Smartphone nutzen? Über folgenden Zugangscode können Sie die digitale Version dieses Bandes freischalten.

WWW.LEKTUEREN-VERSTEHEN.DE

Ihr persönlicher E-Book-Code:

4150-7-2MFYZ5ME

Alle weiteren Infos finden Sie unter:
www.bange-verlag.de/E-Book

KÖNIGS ERLÄUTERUNGEN

BAND 3150

Textanalyse und Interpretation zu

Mirjam Pressler

NATHAN UND SEINE KINDER

Thomas Möbius

Alle erforderlichen Infos zur Analyse

Bange Verlag

Zitierte Ausgabe:
Pressler, Mirjam: *Nathan und seine Kinder*. Roman. Taschenbuchausgabe. Weinheim, Basel: Beltz & Gelberg, 18. Auflage 2023 (unveränderter Nachdruck der 1. Auflage 2011).

Über den Autor dieser Erläuterung:
Prof. Dr. phil. habil. Thomas Möbius, Studium der Germanistik/ev. Theologie/Philosophie, Studienrat an einem Gymnasium in Mannheim und an der German European School in Singapur, Akademischer Oberrat an der Pädagogischen Hochschule Heidelberg, nach Professuren in Freiburg, Osnabrück, Greifswald und Aachen Professor für Germanistische Literaturwissenschaft und Literaturdidaktik an der Justus-Liebig-Universität Gießen.

Für Philipp

1. Auflage 2023
ISBN: 978-3-8044-3150-8
PDF: 978-3-8044-5150-6, EPUB: 978-3-8044-4150-7

Druck und Weiterverarbeitung: Plump Druck & Medien GmbH, Rheinbreitbach

Anmerkung: Sachliche und sprachliche Erläuterungen werden bereits im Anhang des Romans gegeben, daher wird an dieser Stelle auf die zitierte Romanausgabe, S. 252–258, verwiesen, wo auch eine Zeittafel zu finden ist.

1 DAS WICHTIGSTE AUF EINEN BLICK – SCHNELLÜBERSICHT

Damit sich alle Leserinnen und Leser in diesem Band schnell zurechtfinden und das für sie Interessante gleich entdecken, hier eine Übersicht.

Im zweiten Kapitel beschreiben wir **das Leben Mirjam Presslers** und stellen ihren zeitgeschichtlichen Hintergrund dar:

S. 9 f.
- Mirjam Pressler wurde 1940 in Darmstadt geboren und lebte zuletzt in Landshut, wo sie 2019 verstarb. Sie verbrachte mehrere Jahre ihres Lebens in Israel, war verheiratet und hatte drei Töchter. Erst 1979 begann sie mit dem Schreiben.

S. 11 ff.
- Die Zeit war politisch geprägt durch den Wiederaufbau nach dem Zweiten Weltkrieg, durch die Auseinandersetzung mit der deutschen Geschichte seit den 1960er-Jahren und der Politisierung aller Lebensbereiche in den 1970er-Jahren.

S. 15 ff.
- Der Roman *Nathan und sein Kinder* wurde 2009 veröffentlicht. In dem Roman, der stoffgeschichtlich auf Lessings Drama *Nathan der Weise* (1779) beruht, lassen sich Parallelen zu anderen Werken Presslers nachweisen.

Im dritten Kapitel bieten wir eine Textanalyse und -interpretation.

Entstehung und Quellen:

S. 23 ff.
Mirjam Pressler nennt im Nachwort zu dem Roman explizit das Drama Gotthold Ephraim Lessings als Vorlage. Ihr Ziel ist es, die Figuren lebendiger darzustellen, als Lessing es unternimmt, dazu erfindet sie neue Sachverhalte und Figuren, weil sie den heutigen Leserinnen und Lesern einen Eindruck von der damaligen Lebenswelt vermitteln will.

Inhalt:

Der wohlhabende Jude Nathan erzieht seine getaufte Pflegetochter Recha im dem Glauben, er sei ihr leiblicher Vater und sie sei Jüdin. Ein junger Tempelritter, der zuvor von Sultan Saladin begnadigt worden war, rettet sie später aus einem brennenden Haus und verliebt sich in sie. Saladins Geldnot zwingt den Sultan dazu, sich bei Nathan Geld zu leihen; gleichzeitig möchte er Nathans vielgerühmte „Weisheit" prüfen, indem er ihm die Frage nach der wahren Religion stellt, die Nathan mit der Parabel von den drei Ringen beantwortet. Wenig später wird Nathan ermordet, Recha tritt das geistige Erbe ihres Ziehvaters an und verzichtet auf Rache. Der Roman orientiert sich in wesentlichen Punkten an der Vorlage *Nathan der Weise* von Lessing, motivisches Zentrum ist die Auseinandersetzung um die Frage nach der wahren Religion mit Hilfe der „Ringparabel". S. 28 ff.

Chronologie und Schauplätze:

Handlungszeit ist die Zeit der Kreuzzüge, genauer das Jahr 1192, es ist die Zeit nach dem Waffenstillstand, der am 2. 9. 1192 zustande gekommen ist. Der Handlungszeitraum erstreckt sich über mehrere Tage, durch Rückblenden wird auch lange Vergangenes geschildert. Ort der Handlung ist Jerusalem. Der Roman ist in 18 Kapitel unterteilt, die jeweils die Namen der acht Figuren tragen, aus deren Perspektive das Kapitel erzählt wird. S. 19 ff., 42 ff.

Personen:

Die Hauptpersonen sind: S. 51 ff.

Nathan:

- reicher Kaufmann und Menschenfreund
- Glaube an Humanität, die Kraft des Verstandes und der Toleranz

Saladin:

- widersprüchliches Charakterbild
- brutaler Herrscher, aber auch einsichtig und bereit, Nathans Lehre anzunehmen

Tempelritter:

- zunächst religiös bedingte Vorurteile
- Bekenntnis zu Humanität und Toleranz

Recha:

- zunächst schwärmerisch, gefühlsorientiert
- entwickelt sich im Sinne Nathans zu einem humanen Charakter

Stil und Sprache:

S. 69 ff. Im Gegensatz zum feierlichen Blankvers (5-hebiger, reimloser Jambus) von Lessings Drama sind Stil und Sprache des Romans umgangssprachlich geprägt. Alle Figuren weisen die gleiche Sprachkompetenz auf. Zahlreiche Zitate aus dem Koran und der Bibel werden verwendet. Der Schauplatz der Handlung, Jerusalem, wird durch Hinweise auf Geografie und Lebensformen Kleinasiens während der Zeit der Kreuzzüge lebendig gemacht.

Interpretationsansätze:

S. 72 ff. Zwei Interpretationsansätze bieten sich an:
Nathan und seine Kinder ist

- ein Werk, das die Vorlage Lessings aktualisiert und die aufklärerischen Ideale „Toleranz" und „Humanität" für die multireligiöse Gesellschaft des 21. Jahrhunderts fordert;
- ein Werk, das im weiten Sinne als Adoleszenzroman zu verstehen ist, da es in ihm um die Identitätsfindung von Jugendlichen geht.

MIRJAM PRESSLER: LEBEN UND WERK

2

2.1 Biografie

Jahr	Ort	Ereignis	Alter
18. 6. 1940	Darmstadt Bensheim Frankfurt a. M. München	Geburt als Mirjam Gunkel. Uneheliches Kind einer Jüdin, wächst bei Pflegeeltern auf, besucht das Gymnasium in Darmstadt und Bensheim, dann Studium an der Akademie für Bildende Künste in Frankfurt/Main (3 Jahre) und Studium der Sprachen in München.	
1962	Israel	Aufenthalt in einem israelischen Kibbuz	22
1964	Israel	Heirat	24
1966–1969	Israel	Geburt dreier Töchter	26–29
1970	München	Scheidung, kehrt mit ihren drei Töchtern nach München zurück. Betreiberin eines Jeansladens	30
1979	München	Halbtagsstelle als Bürokraft Beginn des literarischen Schaffens	39
1980		Erster Roman *Bitterschokolade*	40
1994	Frankfurt a. M.	Deutscher Jugendliteraturpreis, Sonderpreis Übersetzung	54
1995	München	Deutscher Jugendliteraturpreis für *Wenn das Glück kommt, muss man ihm einen Stuhl hinstellen.* Mirjam Pressler lebt mit ihrem zweiten Ehemann Genio Türke in der Nähe von München.	55
1998	Berlin	Verleihung des Bundesverdienstkreuzes erster Klasse	58
2005	Oldenburg	Poetik-Professur an der Universität Oldenburg	65

Mirjam Pressler
(1940–2019)
© picture-alliance / ZB | Jan Woitas

2.1 Biografie

Jahr	Ort	Ereignis	Alter
2009		***Nathan und seine Kinder* erscheint.**	69
2010	Frankfurt a. M. München	Deutscher Jugendliteraturpreis für das Gesamtwerk Internationaler Buchpreis „Corine“ vom Börsenverein des Deutschen Buchhandels	70
2013	Bad Nauheim	Buber-Rosenzweig-Medaille	73
2018	Berlin	Großes Bundesverdienstkreuz	78
2019	Landshut	Tod am 19.01.	79

Website der Autorin

Über ihre Biografie gibt es nur wenige bekannte Details. Mirjam Pressler äußerte sich zuweilen in Interviews und in Reden zu ihrer eigenen Kindheit und Jugend, ein Beispiel findet sich in diesem Band im Kapitel 5.9, es handelt sich dabei um ein Interview, das Katrin Diehl im Jahre 1989 mit der Autorin durchgeführt hat.

2.2 Zeitgeschichtlicher Hintergrund

Zusammenfassung

In diesem Kapitel wird der zeitgeschichtliche Hintergrund von Mirjam Pressler dargestellt, zum zeitgeschichtlichen Hintergrund der Romanhandlung siehe Kapitel 3.1 dieses Bandes.
Wichtig für die Zeit nach dem Zweiten Weltkrieg:
- Wiederaufbau in den 1950er-Jahren
- Auseinandersetzung mit der deutschen Vergangenheit seit den 1960er-Jahren
- Politisierung aller Lebensbereiche in den 1970er- und 1980er-Jahren
- Wiedervereinigung in den 1990er-Jahren

Neun Monate nach Beginn des Zweiten Weltkriegs (1939–1945), in dessen Verlauf allein auf dem europäischen Kontinent fast 40 Millionen Menschen ihr Leben lassen mussten, wurde Pressler als Tochter einer Jüdin geboren. Sechs Millionen Juden fielen der faschistischen Verfolgung zum Opfer. Zerstörte Familien und soziale Beziehungen, Hunger und Armut prägten das Leben der Überlebenden, die sich einem täglichen Verteilungskampf um die notwendigsten Güter stellen mussten.

Das Gebiet des ehemaligen Deutschen Reiches wurde nach 1945 in vier Verwaltungszonen aufgeteilt. Die Gründungen von Bundesrepublik (23. Mai 1949) und DDR (7. Oktober 1949) bereiteten den Konflikt um die Einflusssphären der ideologisch unterschiedlichen Machtblöcke („Kalter Krieg") vor. In der Bundesrepublik waren die 1950er-Jahre bestimmt durch den Wiederaufbau, der sich, auch unterstützt durch massive amerikanische Finanzhilfen („Marshallplan"), bald zum sogenannten „Wirtschaftswunder" entwickelte. Am Ende der 1950er-Jahre waren der Wiederaufbau und die politische Westintegration der Bundesrepublik (Nato-Beitritt 1955, EWG-Vertrag 1957) abgeschlossen. Die einseitige Ausrichtung auf wirtschaftlichen Erfolg und das

Westintegration der Bundesrepublik

nach den Kriegsjahren durchaus verständliche Nachholen von Konsumbedürfnissen zeigten in der Adenauer-Ära ihre Schattenseiten beispielsweise in der einseitigen Orientierung an materiellen Wünschen und in der Verdrängung der NS-Vergangenheit: Schon kurz nach Kriegsende forderten erste Stimmen, „endlich" einen „Schlussstrich" unter die deutsche Vergangenheit zu ziehen; viele ehemalige Nazis und Parteimitglieder konnten in der Bundesrepublik in Wirtschaft, Justiz und Politik Karriere machen. Nicht zuletzt an diesem Desinteresse an einer Aufarbeitung während der sogenannten „Adenauer-Ära" entzündeten sich die Studentenproteste Ende der 1960er-Jahre.

Desinteresse an Aufarbeitung

Von 1966 an regierte die SPD die Bundesrepublik, zunächst in einer großen Koalition, ab 1969 dann in einer Koalition mit den Liberalen unter Bundeskanzler Willi Brandt bzw. Helmut Schmidt. Die SPD setzte mit ihrer innenpolitisch umstrittenen Ostpolitik auf Entspannung und Vertrauensbildung zwischen den Machtblöcken („Ostverträge" Anfang der 1970er-Jahre). Gesellschaftlich waren die 1960er- und 1970er-Jahre von heftigen Auseinandersetzungen, kulturellen Umbrüchen und Generationenkonflikten geprägt: Eine marxistisch-maoistisch orientierte „Außerparlamentarische Opposition" (APO) richtete sich gegen die Politik der Großen Koalition (z. B. 1968 gegen die „Notstandsverfassung"), gegen den Krieg der USA in Vietnam sowie grundsätzlich gegen die Werte einer bürgerlichen Gesellschaft („Studentenrevolte", Auseinandersetzung mit der verdrängten NS-Vergangenheit der Eltern-Generation). In den 1970er-Jahren mündeten militante Ausläufer der Protestbewegung in den Terrorismus der RAF („Rote Armee Fraktion"), in deren Verlauf zahlreiche Straftaten (darunter über 30 Morde) begangen wurden.

Ostpolitik

Die DDR, die sich seit 1961 durch den „Mauerbau" vor dem Westen abgeschottet hatte, reagierte in den 1970er-Jahren auf die lauter werdenden Kritik ihrer Intellektuellen an der herrschenden Bevormundung und den Entwicklungen im real existierenden Sozialismus mit der Bespitzelung durch Staatssicherheit und einem

Entwicklung in der DDR

Heer „informeller Mitarbeiter", der Verhängung von Berufsverboten, mit Inhaftierung sowie mit Ausbürgerungen und Abschiebungen. Prominente DDR-„Dissidenten" sind Jürgen Fuchs, Wolf Biermann, Rudolf Bahro, Erich Loest, Hans Mayer und Bettina Wegener.

Die 1980er Jahre

Die 1980er-Jahre waren in der Bundesrepublik gekennzeichnet durch den Regierungswechsel von der sozial-liberalen zur christlich-liberalen Koalition von CDU und FDP unter Führung von Bundeskanzler Helmut Kohl. Die Opposition gegen den sogenannten „Nato-Doppelbeschluss" 1979 (Erweiterung der nuklearen Mittelstreckenwaffen in Westeuropa) und ein zunehmendes ökologisches Bewusstsein führten zur Gründung zahlreicher Bürgerinitiativen, Friedens- und Umweltschutzbewegungen sowie alternativer politischer Gruppierungen. Bei der Bundestagswahl 1983 zog erstmals die 1980 gegründete Partei „Die Grünen" in den Bundestag ein. Die Neuausrichtung der sowjetischen Politik, die der neue Parteichef Michail Gorbatschow mit den Schlagworten „Perestroika" (Umgestaltung, Umbau) und „Glasnost" (Transparenz, Offenheit) betrieb, führte zusammen mit dem gewaltlosen Widerstand der DDR-Bürgerinnen und -Bürger 1989 zur Öffnung der Grenze zwischen den beiden deutschen Staaten (9. 11. 1989) und im Jahr darauf zur offiziellen Wiedervereinigung (3. 10. 1990).

Die 1990er-Jahre

Die 1990er Jahre wurden außenpolitisch bestimmt durch die Neudefinition der Rolle, die das wiedervereinigte Deutschland in Europa und der Welt spielen sollte (Beteiligung an Kampfeinsätzen der NATO, Diskussion über einen ständigen Sitz im UN-Sicherheitsrat). Insbesondere die rot-grüne Regierung unter Bundeskanzler Gerhard Schröder trug durch die Entscheidung für den ersten Kampfeinsatz deutscher Soldaten nach dem Zweiten Weltkrieg (Kosovo-Einsatz 1999) zu der Neubestimmung der Rolle Deutschlands bei. Diese Politik wurde von der seit 2005 regierenden Großen Koalition unter der Führung von Bundeskanzlerin Angela Merkel fortgesetzt. Innenpolitisch waren die

Anstrengungen darauf gerichtet, die kulturelle und materielle Überwindung der Teilung und den Aufbau der neuen Bundesländer voranzutreiben.

Gleichzeitig kam es zu einer (letztlich bis heute andauernden) gesellschaftlichen Aufarbeitung der DDR-Vergangenheit und der Rolle der Intellektuellen im SED-Staat (Stichwort: Stasi-Akten). Die Diskussion begann bereits 1990 mit dem sogenannten „Literaturstreit" um die ostdeutsche Autorin Christa Wolf und ihre Erzählung *Was bleibt* (1990).

2.3 Angaben und Erläuterungen zu wesentlichen Werken

Werkübersicht (in Auswahl)

1980	*Bitterschokolade*
1981	*Kratzer im Lack*
1981	*Nun red doch endlich. Kinderroman*
1982	*Novemberkatzen*
1982	*Zeit am Stiel*
1984	*Riesenkuss und Riesenglück*
1986	*Mit 64 stirbt man nicht*
1986	*Leselöwen-Trau-dich-Geschichten*
1987	*Goethe in der Kiste*
1992	*Ich sehne mich so. Die Lebensgeschichte der Anne Frank*
1994	*Wenn das Glück kommt, muss man ihm einen Stuhl hinstellen*
1999	*Shylocks Tochter. Venedig im Jahre 1568*
2001	*Malka Mai*
2002	*Für Isabel war es Liebe*
2003	*Die Zeit der schlafenden Hunde*
2004	*Rosengift*
2007	*Golem, stiller Bruder*
2009	*Nathan und seine Kinder*
2011	*Ein Buch für Hanna*
2013	*Wer morgens lacht*
2019	*Dunkles Gold*

2.3 Angaben und Erläuterungen zu wesentlichen Werken

Preise und Auszeichnungen (in Auswahl)

Jahr	Preis/Auszeichnung	Alter
1980	Oldenburger Jugendbuchpreis für *Bitterschokolade*	40
1994	Deutscher Jugendliteraturpreis für ihre Übersetzungen	54
1995	Deutscher Jugendliteraturpreis für *Wenn das Glück kommt …*	55
1998	Friedrich-Bödecker-Preis für das Gesamtwerk Bundesverdienstkreuz erster Klasse	58
2001	Carl-Zuckmayer-Medaille für Verdienste um die deutsche Sprache Großer Preis der Deutschen Akademie für Kinder- und Jugendliteratur e. V. Volkach	61
2002	Deutscher Bücherpreis für *Malka Mai*	62
2004	Deutscher Bücherpreis für ihr Lebenswerk	64
2006	Bayerischer Verdienstorden	66
2009	Kinder- und Jugendbuchpreis „Luchs" des Monats Februar (ZEIT und Radio Bremen) für *Nathan und seine Kinder*	69
2010	Deutscher Jugendliteraturpreis für ihr Gesamtwerk Internationaler Buchpreis „Corine" vom Börsenverein des Deutschen Buchhandels für *Nathan und seine Kinder*	70
2013	Buber-Rosenzweig-Medaille für ihr Gesamtwerk	73
2015	Internationaler Literaturpreis – Haus der Kulturen der Welt und Preis der Leipziger Buchmesse für die Übersetzung aus dem Hebräischen von Amos Oz: *Judas*	75
2017	Literaturpreis der Landeshauptstadt München für das Gesamtwerk	77
2018	Großes Bundesverdienstkreuz der Bundesrepublik Deutschland für ihren „herausragenden Einsatz für die Völkerverständigung insbesondere zwischen Israel und Deutschland und die Erinnerung an das nationalsozialistische Unrecht"	78

Erläuterungen zu einzelnen Werken[1]

Werke (in Auswahl)	Einordnung
Bitterschokolade (1980) *Nun red doch endlich* (1981) *Stolperschritte* (1981) *Kratzer im Lack* (1981) *Zeit am Stiel* (1982) *Für Isabel war es Liebe* (2002) *Wer morgens lacht* (2013) *Dunkles Gold* (2019)	**Realistische, in der Gegenwart spielende Jugendromane**, die die Problembereiche „Esssucht" (*Bitterschokolade*), „Vaterentbehrung" (*Nun red doch endlich*), „Behinderung" (*Stolperschritte*), „jugendliche Gewalt" (*Kratzer im Lack*), „Einsamkeit" (*Zeit am Stiel*), „gleichgeschlechtliche Liebe" (*Für Isabel war es Liebe*), Geschwisterrivalität (*Wer morgens lacht*) und jüdische Identität (*Dunkles Gold*) thematisieren.
Novemberkatzen (1982) *Wenn das Glück kommt, muss man ihm einen Stuhl hinstellen* (1994)	**Autobiografische Romane**, in denen Pressler ihre eigenen Kindheitserfahrungen gestaltet. Die Kindheit der Protagonisten Ilse (*Novemberkatzen*) und Halinka (*Wenn das Glück kommt*) wird als ungeborgen, traurig dargestellt.
Shylocks Tochter. Venedig im Jahre 1568 (1999) *Golem, stiller Bruder* (2007) *Nathan und seine Kinder* (2009) *Malka Mai* (2001) *Die Zeit der schlafenden Hunde* (2003) *Ein Buch für Hanna* (2011)	**Historische Romane**, in denen Pressler den jüdischen Protagonisten in einer judenfeindlichen Gesellschaft besondere Aufmerksamkeit widmet (*Shylocks Tochter*, *Golem, stiller Bruder*, *Nathan und seine Kinder*) und dabei auch eine Auseinandersetzung mit der Shoah gestaltet (*Malka Mai*, *Ein Buch für Hanna*). In *Die Zeit der schlafenden Hunde* thematisiert sie eine innerfamiliäre Auseinandersetzung mit dem Habitus des Verdrängens der Shoah.
Ich sehne mich so. Die Lebensgeschichte der Anne Frank (1992)	In der **Anne-Frank-Biografie** rekonstruiert sie das Leben des jüdischen Mädchens vor und während des Versteckens vor den Nazis und während der letzten Lebensmonate im KZ Bergen-Belsen.

1 Vgl. Payrhuber; Richter 2009.

2.3 Angaben und Erläuterungen zu wesentlichen Werken

Werke (in Auswahl)	Einordnung
Goethe in der Kiste (1987), *Ben und Lena im Kindergarten* (1997) *Nickel Vogelpfeifer* (1986) *Wundertütentage* (2005) *Die wundersame Reise des kleinen Kröterichs* (1998), *Leselöwen-Trau-dich-Geschichten* (1986) *Riesenkuss und Riesenglück* (1984)	**Bücher für jüngere und jüngste Leserinnen und Leser**, in denen anhand von exemplarischen Ereignissen aus der Kindheit (z. B. Diebstahl eines Rads in *Nickel Vogelpfeifer* oder das Verstecken der zahmen Ratte Goethe in *Goethe in der Kiste*) innerfamiliäre Beziehungen individuelle Bedürfnisse von Kindern beschrieben werden. Auch phantastische, fabelhafte Elemente finden Eingang in ihre Erzählungen (z. B. *Die wundersame Reise des kleinen Kröterichs*). Texte für Leseanfänger thematisieren wichtige Situationen im kindlichen Erleben wie z. B. den Krankenhausaufenthalt der Mutter in *Riesenkuss und Riesenglück* oder die Bedeutung von Mut in den *Leselöwen-Trau-dich-Geschichten*.
Am anderen Ufer des Flusses (1995) von Jaak Dreesen *Der Sommer von Aviha* (1990) von Gila Almagor	**Übersetzungen** von über 300 Büchern aus dem Bereich der Kinder- und Jugendliteratur aus dem Hebräischen, Niederländischen, Afrikaans und Amerikanischen. Das Thema „Shoah" spielt dabei immer wieder eine Rolle.

TEXTANALYSE UND -INTERPRETATION 3

3.1 Zeitgeschichtlicher Hintergrund der Romanhandlung

Zusammenfassung

- Sieben Kreuzzüge zwischen 1096 und 1270,
- 1099 Eroberung Jerusalems durch die Kreuzfahrer,
- 1187 Eroberung Jerusalems durch Saladin,
- Dritter Kreuzzug 1189–1192, der in erster Linie der Rückeroberung Jerusalems galt,
- Handlungsort und -zeit des Romans: Jerusalem; Zeit nach dem Waffenstillstand, der am 2. 9. 1192 zustande kam (vgl. Roman S. 69).

Sieben Kreuzzüge

Zwischen 1096 und 1270 fanden insgesamt sieben sogenannte „Kreuzzüge" abendländisch-christlicher Heere gegen orientalisch-muslimische Herrscher in Kleinasien statt. Geistiger Legitimationshintergrund waren zwei Richtungen, die zum einen die Pilgerschaft in das Heilige Land als Zeichen der Frömmigkeit betrachteten und die zum anderen die Idee des Heiligen Krieges gegen die Heiden und die Befreiung Jerusalems durchsetzen wollten. Jerusalem konnte auf dem Ersten Kreuzzug (1095–1099) im Jahre 1099 eingenommen werden, wurde aber dann 1187 von Saladin zurückerobert. Der Dritte Kreuzzug von 1189–1192, der der Hintergrund der Romanhandlung *Nathan und seine Kinder* ist, war in erster Linie dem Ziel der Einnahme Jerusalems gewidmet; der Zug wurde vom König Philipp II. von Frankreich, König Richard I. von England (Richard Löwenherz) und vom Kaiser des Heiligen Römischen Reiches Deutscher Nation Friedrich I. (Barbarossa) angeführt. Friedrich I. brach 1189 in Regensburg mit einem riesigen Heer auf, das aus Soldaten und kreuzzugsbegeisterten und abenteuerlustigen Zivilisten bestand, und zog über Ungarn, den Balkan und das heutige Bulgarien nach Kleinasien.

Dritter Kreuzzug Hintergrund der Romanhandlung

Richard Löwenherz und der Dritte Kreuzzug

König Richard Löwenherz und Sultan Saladin während des 3. Kreuzzuges: Statuen neben der Davidszitadelle in Jerusalem. © picture alliance / REUTERS | RONEN ZVULUN

Auf dem Weg dorthin kam es immer wieder zu verlustreichen Kämpfen, insbesondere gegen Truppen von Isaak II., dem Kaiser von Byzanz, der ein Bündnis mit Saladin eingegangen war. Erst im März 1190 gelang es den Kreuzfahrern, in die heutige Türkei überzusetzen, wo sie erstmals gegen muslimische Soldaten kämpfen mussten. Nachdem Friedrich im Mai 1190 noch einen Sieg über die Türken in der Schlacht bei Iconium hatte feiern können, ertrank er im Fluss Saleph. Daraufhin entschlossen sich viele der Kreuzfahrer zur Rückkehr nach Deutschland, den kleineren Rest führte Friedrich von Schwaben, der Sohn des verstorbenen Kaisers, bis Oktober 1190 nach Akkon, das seit 1189 belagert wurde und das 1191 schließlich durch Philipp II. und Richard Löwenherz eingenommen werden konnte. Für die muslimischen Einwohner wurde ein hohes Lösegeld gefordert;

Die Al-Aqsa-Moschee und der Felsendom (goldene Kuppel) auf dem Tempelberg in Jerusalem. Im Vordergrund ist die Klagemauer zu sehen.

als sich die Zahlung verzögerte, ließ Richard mehrere Tausend Gefangene enthaupten.

Geheime Friedensverhandlungen

Während des Zuges nach Jerusalem führte Richard geheime Friedenverhandlungen mit einem Bruder Saladins, in dem eine Heirat zwischen Richards Schwester und Saladins Bruder vorgesehen war, die dann beide die Herrschaft über Jerusalem ausgeübt hätten, was eine Eroberung Jerusalems aus christlicher Sicht nicht mehr notwendig gemacht hätte. Der Plan scheiterte aber schließlich wohl aus religiösen Gründen. Richard verzichtete dennoch auf die Eroberung Jerusalems, da er erkannt hatte, dass er die Stadt auf Dauer nicht gegen Saladins Truppen würde verteidigen können. Richard zog sich in die Küstenstadt Akkon zurück, schloss am 2. September 1192 einen Friedensvertrag mit Saladin, der eine dreijährige Waffenruhe vorsah und in dem Saladins Gebietsgewinne zwischen Tyros und Jaffa bestätigt wurden. Außerdem wurde vereinbart, dass christliche Pilger freien Zugang nach Jerusalem haben.

Keine Rückeroberung Jerusalems

Auch wenn der Dritte Kreuzzug die Eroberung Jerusalems nicht erreicht hatte, so war durch die Erfolge Richards zumindest das Königreich Jerusalem mit seiner Hauptstadt Akkon gesichert; die Stadt konnte erst 1291 als letztes christliches Bollwerk von den muslimischen Truppen erobert werden, diese Eroberung beendete die Präsenz christlicher Truppen in Kleinasien.

3.2 Entstehung und Quellen

Zusammenfassung

Mirjam Pressler nennt im Nachwort zu dem Roman explizit das Drama *Nathan der Weise* von Gotthold Ephraim Lessing als Vorlage. Ihr Ziel ist es, die Figuren lebendiger darzustellen, als Lessing es unternimmt, dazu erfindet sie neue Sachverhalte und Figuren, weil sie den heutigen Leserinnen und Lesern einen Eindruck von der damaligen Lebenswelt vermitteln will.

In der „Nachbemerkung" zu dem Roman (S. 249 ff.) äußert sich Mirjam Pressler über die Entstehung und die Quellen des Buches. Sie gibt an, dass sie sich an Lessings Drama *Nathan der Weise* als literarischer Quelle orientiert und ihren Roman als „Variation" und nicht als Gegentext verstanden haben will. Als historische Quellen gibt sie die zwischen ca. 1169 und 1184 entstandene Chronik *Historia rerum in partibus transmarinis gestarum* des Erzbischofs Wilhelm von Tyros (1130–1186) an, die den Zeitraum von 1095 bis 1184 abhandelt und die das wichtigste Schriftdokument für eine Historie der Kreuzzüge aus christlicher Perspektive darstellt (Wilhelm von Tyros: *Geschichte der Kreuzzüge und des Königreichs Jerusalem*. Aus dem Lateinischen übersetzt von E. und R. Kausler. Stuttgart: Adolph Krabbe 1840). Daneben gibt Pressler Amin Maaloufs *Der Heilige Krieg der Barbaren. Die Kreuzzüge aus der Sicht der Araber* (München: dtv, 4. Auflage 2006) als weitere Quelle an. In den Roman eingearbeitet sind zahlreiche Zitate aus den Heiligen Schriften der drei monotheistischen Religionen (das Judentum, das Christentum, der Islam); diese Zitate aus dem Alten und Neuen Testament sowie aus dem Koran werden am Ende des Buches (vgl. S. 253 f.) nachgewiesen.

Literarische und historische Quellen

Unterschiede zu Lessings Drama *Nathan der Weise*

Am Ende des Dramas stellt sich heraus: Recha und der Tempelritter sind Geschwister und Nichte bzw. Neffe des Sultans. Rechas

Recha und der Tempelritter sind Geschwister

Inhalt von Lessings *Nathan*

und des Tempelritters Vater ist der Bruder Saladins, Assad, der aus Liebe zu einer Christin zum Christentum übergetreten ist und den Namen Wolf von Filnek angenommen hat. Nachdem die Mutter, eine Schwester Konrads von Stauffen, bei der Geburt gestorben und Assad im Kampf gefallen ist, wird Recha (eigentlich Blanda von Filnek) von einem Klosterbruder zu Nathan gebracht, während der Onkel Konrad von Stauffen die Erziehung des Jungen (Leu von Filnek) übernimmt.

Ein weiterer Unterschied: Nathan stirbt am Ende von Lessings Drama nicht.

Weitere Quellen

Boccaccios *Decamerone*

Als weitere Quellen sind insbesondere diejenigen zu nennen, die mit der „Ringparabel" in Verbindung zu bringen sind. Pressler findet die literarische Quelle in Lessings Drama *Nathan der Weise*, der wiederum eine Novelle aus Giovanni Boccaccios (1313–1375) Novellensammlung *Decamerone* (dt.: *Dekameron*) zur Grundlage nimmt: In der dritten Novelle des ersten Tages erzählt Philomele vom Juden Melchisedech, der durch die Geschichte von den drei Ringen einer großen Gefahr entgeht, in die ihn Saladin gebracht hat.[2] Den Namen „Nathan" nimmt Lessing aus der dritten Novelle des zehnten Tages. Der Grundbestand der Ringparabel, wie sie bei Boccaccio zu finden ist, lautet: Saladin will von einem reichen Juden Geld borgen. Er stellt ihm eine Falle mit der Frage nach der rechten Religion. Die Parabel von den drei Ringen wird zum Ausweg aus der Falle: Dem Ring, der den Erben bestimmt und dem liebsten Sohn zuteil wird, werden zwei weitere identische Ringe beigegeben, weil ein Vater alle drei Söhne gleich liebt. Die Frage, welches der echte Ring sei, ist bis heute unentschieden.

Text der dritten Novelle

Drei Ringe als Symbole für Judentum, Christentum und Islam

Ringe als Allegorie für Religionen zu wählen, ist in den mittelalterlichen Überlieferungen sehr beliebt. In der ältesten Überlieferung, den *Anecdotes Historiques, Légendes et Apologues* des

2 Text vgl. 5.1.

VERGLEICH DER RINGERZÄHLUNG BEI BOCCACCIO, LESSING UND PRESSLER

Boccaccio	Lessing/Pressler
Name des Juden: Melchisedech (Melchisedech als Beispiel für kluges Verhalten, das aus einer schwierigen Situation befreit)	**Name des Juden: Nathan** (Nathan als „Erzieher" des Sultans)
negative Zeichnung des geizigen Juden	positive Zeichnung des großzügigen Juden
Eigenschaft des Rings: Bestimmung des Erbenden, macht Träger zum Geehrtesten	**Eigenschaft des Rings:** Erbe, beliebt zu machen vor Gott und den Menschen, wer ihn in dieser Zuversicht trägt.
Lehre: Ringe bleiben ununterscheidbar, auch einzig wahre Religion nicht eindeutig aufweisbar *(Ende der Geschichte)*	Ringe können nicht auseinander-gehalten werden.
	Streit um den echten Ring
	Gerichtsklage mit Entscheidung, dass wegen des Egoismus der Kläger (Wunderkraft beliebt zu machen) wohl keiner der Ringe echt sei.
	Aufforderung: Echtheit des Rings durch praktizierte Nächstenliebe, Sanftmut und Toleranz zu erweisen.

Dominikanermönches Étienne de Bourbon (gest. 1261), wird die christliche Religion in einem wundertätigen Ring dargestellt. Ähnlich wird auch in der altfranzösischen Versdichtung *Dit dou vrai aniel* (entst. zw. 1270–1294) verfahren. Drei Ringe als Symbole für die drei monotheistischen Religionen finden sich schließlich in der bedeutendsten Legenden- und Märchensammlung des Mittelalters, in der *Gesta Romanorum* (14. Jh.), die Lessing als Hofbibliothekar gekannt hat.

Informationen zum Dritten Kreuzzug

Wie Mirjam Pressler, so nutzt auch Gotthold Ephraim Lessing neben den literarischen Quellen eine ganze Reihe von historischen Schriften[3], mit deren Hilfe er insbesondere ein Bild der Kreuzzüge und des Sultans Saladin zeichnet. Er wählt für sein Religionsdrama einen entfernten Schauplatz, Jerusalem, und eine entfernte Zeit, die des Dritten Kreuzzuges 1192, um dadurch der Zensur, der seine Schriften seit August 1778 unterliegen, zu entgehen. Pressler verwendet diesen historischen Stoff, um damit auf die zeitaktuellen religiös motivierten Auseinandersetzungen literarisch zu antworten.

Biografische Bezüge

Beschädigte Kindheit

Pressler stellt immer wieder das Schicksal von Menschen in den Mittelpunkt ihrer Erzählungen, die aus unterschiedlichen Gründen eine ungewöhnliche, vielleicht auch beschädigte Kindheit haben (vgl. z. B. *Novemberkatzen*, 1982, *Wenn das Glück kommt, muss man ihm einen Stuhl hinstellen*, 1994). Pressler selbst wurde von Pflegeeltern erzogen. Es liegt nahe zu vermuten, dass dieser biografische Umstand ihre besondere Vorliebe für elternlos aufwachsende Romanfiguren prägte. In dieser Hinsicht äußert sie sich in ihren Reden, beispielsweise in *Nimm deine Kindheit und lauf, eine andere kriegst du nicht*, die in Auszügen unter 5.8 dieses Bandes zu finden ist. Auch in *Nathan und seine Kinder* gibt sie solchen Figuren Raum: Daja, Geschem, der Tempelritter und Recha wachsen ohne ihre leiblichen Eltern auf. Pressler richtet ihren Blick vor allem auf Recha, die bei ihrem Ziehvater Nathan aufwächst und an der sie zeigt, dass Liebe ein mindestens ebenso starkes Band sein kann wie leibliche Verwandtschaft.

---

3 Zum Beispiel Olfert Dapper: *Delitiae Orientales: Das ist die Ergötzlich- und Merkwürdigkeiten des Morgenlandes in zwei Teile abgefasset* (Nürnberg 1712); Barthélemy d'Herbelot: *Bibliothèque Orientale ou Dictionnaire universel contenant généralement tout ce qui regard la connaissance des peuples de l'Orient* (Paris 1697); Albrecht Schulte (Hrsg.): *Vita et res gestae Saladini auctore Bohadino nec non excerpta ex historia Abulfedae* (Leyden 1732); Marin (1721–1809): *Geschichte Saladins Sulthans von Egypten und Syrien* (Celle 1761); Voltaire (1694–1778): *Geschichte der Kreuzzüge* (1751).

Aufnahme

Positive Resonanz

Der Roman erhielt eine sehr positive Resonanz, *Nathan und sein Kinder* bekam bereits kurz nach seinem Erscheinen 2009 den „Luchs", einen Kinder- und Jugendliteraturpreis. Die Rezensionen lobten die Lebendigkeit der Figuren und die Aktualität des dargestellten Themas, im Appell für mehr Mitmenschlichkeit und Toleranz wird ein wichtiges Signal für die Bewältigung soziokultureller Konflikte der Gegenwart gesehen.[4] (Vgl. dazu auch Kapitel 4 dieses Bandes.)

4 Vgl. Stemmer-Rathenberg 2011, S. 11.

3.3 Inhaltsangabe

Zusammenfassung

Ein junger Tempelritter, der zuvor als einziger seiner Truppe vom Sultan, Saladin, begnadigt worden ist, rettet die vermeintliche Tochter des Juden Nathan, Recha, aus deren brennendem Elternhaus. Beide verlieben sich ineinander, eine Beziehung verbietet sich aber wegen der Zugehörigkeit zu verschiedenen Religionen. Die Christin Daja, Rechas Erzieherin, gesteht dem Tempelritter, dass Recha ein christliches Mädchen sei, das von Nathan aufgenommen worden war, nachdem dessen eigene Familie von Christen ermordet worden war. Nach diesem Geständnis bittet der Tempelritter den Patriarchen (Bischof von Jerusalem) um einen Rat, der unverblümt den Tod für den ihm unbekannten Juden fordert, der ein christliches Mädchen im jüdischen Glauben erzogen hat. Der Tempelritter ahnt, dass er den Patriarchen besser nicht konsultiert hätte. Saladins Geldnot zwingt den Sultan dazu, sich bei Nathan Geld zu leihen, damit er den erwarteten Angriff der Kreuzritter abwehren kann; gleichzeitig möchte er dessen viel gerühmte „Weisheit" prüfen, indem er ihm die Frage nach der wahren Religion stellt, die Nathan mit der Parabel von der drei Ringen beantwortet: Alle drei Religionen sind gleichberechtigt, es kommt darauf an, das Gemeinsame zu betonen, das in der Gottesliebe und der Nächstenliebe besteht. Auf dem Rückweg von einer Geschäftsreise wird Nathan ermordet, es bleibt im Unklaren, ob es Diener des Patriarchen oder des muslimischen Hauptmanns Abu Hassan getan haben. Recha will das geistige Erbe ihres Ziehvaters antreten, indem sie auf Rache verzichtet und zur Versöhnung über die Religionsgrenzen hinweg aufruft. Der Roman orientiert sich in wesentlichen Punkten an der Vorlage Lessings[5], motivisches Zentrum ist die Auseinandersetzung um die Frage nach der wahren Religion mit Hilfe der „Ringparabel".

5 Zu den Unterschieden siehe Kapitel 3.2 dieses Bandes (Abschnitt „Unterschiede zu Lessings Drama *Nathan der Weise*").

Der Roman ist in 18 Kapitel unterteilt, die jeweils die Namen der acht Figuren tragen, aus deren Perspektive das Kapitel erzählt wird.

Geschem (S. 9–23)

Nathan gibt ihm seinen Namen

Er beschreibt, wie er von seinem Platz unter einem Maulbeerbaum aus sieht, wie ein Tempelritter Recha aus dem brennenden Haus rettet. Er selbst kann aufgrund seiner Behinderung nicht eingreifen. Als er wieder erwacht, ist es schon Abend und Nathan, Recha, Daja und al-Hafi sitzen zusammen; Recha behauptet, ein Engel habe sie gerettet, während Daja der Ansicht ist, es sei ein Tempelritter gewesen. Geschem begibt sich zur Köchin Zipora, um ihr beim Zubereiten der Mahlzeit zu helfen. Als Geschem nachts nicht schlafen kann, setzte er sich in den Innenhof und trifft auf Nathan, der ihm, dem namenlosen Findelkind, den Namen „Geschem" gibt.

Daja (S. 24–40)

In der Nacht nach der Rettung Rechas liegt Daja in ihrem Bett – neben Recha, die diese Nacht nicht alleine bleiben wollte – und kann nicht einschlafen. Sie denkt daran, wie sie Recha als Ersatzmutter großgezogen hat. Der Anblick des bereits zur Frau herangewachsenen Mädchens erinnert sie an ihre eigene Lebensgeschichte: Sie war mit ihrem Mann Gisbert der Werbung der Kreuzfahrer gefolgt und mit ihnen von ihrem Dorf in Deutschland nach Jerusalem aufgebrochen. Sie erinnert sich an die äußerst beschwerliche Reise, die von Entbehrung, Plünderung, Gewalt, Vergewaltigung und Totschlag geprägt war. Kurz vor Jerusalem fiel auch ihr Mann Gisbert. In Jerusalem begegnete sie Nathan, der sie als Erzieherin und Gesellschafterin Rechas in sein Haus aufgenommen hat.

Dajas Lebensgeschichte

Elijahu (S. 41–54)

Von einer wochenlangen Geschäftsreise zurückkommend trifft Elijahu zusammen mit Jakob und Nathan am Abend des Tages ein, an dem Recha aus den Flammen gerettet worden war. Er lebt zu diesem Zeitpunkt seit 18 Jahren als Verwalter und Freund Nathans bei diesem. Elijahu berichtet von der Reise nach Damaskus, wo Nathan gute Geschäfte gemacht hatte. Als Nathan das vom Feuer in Mitleidenschaft gezogene Haus sieht und Dajas Worte hört, erschrickt er zutiefst, da er irrtümlich annimmt, Recha sei tot.

Elijahu erzählt, er habe ihn nur einmal so erschüttert gesehen, nämlich zu dem Zeitpunkt vor 18 Jahren, als Nathan, wie nun auch mit Elijahu von einer Geschäftsreise zurückkommend, feststellen musste, dass er seine ganze Familie in seinem brennenden Haus in Gath (bei Ghaza) verloren hatte. Elijahu erzählt ausführlich von diesem Ereignis. Nathan hatte nach dem Verlust seiner Frau und seiner 7 Söhne den schuldigen Christen zunächst unversöhnlichen Hass geschworen. Nach 7 Trauertagen habe Nathan von einem Klosterbruder einen Säugling – Recha – überreicht bekommen, den er mit nach Jerusalem nahm und von einer Amme ernähren ließ. Auf Fragen nach der Herkunft Rechas schwieg er.

Elijahu erzählt von Nathans Schicksalsschlag

Am nächsten Tag spricht Elijahu Nathan darauf an, warum er seit 18 Jahren nicht über den Verlust seiner Familie gesprochen habe. Nathan antwortet darauf, dass dieses Leid allein ihm gehöre und durch das Erzählen nicht geringer würde. Nathan macht Elijahu auf Geschem aufmerksam und dass dieser Elijahu als einen Ersatzvater bräuchte. Nathans Vorstellung von der Nächstenliebe als der verbindenden Gemeinsamkeit aller Religionen kommt zum Ausdruck.

Elijahu als Ersatzvater für Geschem

Recha (S. 55–66)

Recha glaubt an einen Engel als Retter

Recha wacht am Tag nach dem Hausbrand neben Daja auf. Sie geht in der Erinnerung nochmals ihre Errettung vor dem Feuer durch, immer noch glaubt sie an einen Engel. Als Daja sie auf den Tempelritter hinweist, reagiert sie gereizt, und Daja lenkt ein. Beim Frühstück spricht Nathan mit Recha über den vermeintlichen Engel, der wohl doch ein Mensch sei, und bringt sie mit seinen Worten zum Nachdenken. Nach dem Frühstück überlegt sie, ihre verheiratete Freundin Lea zu besuchen, und reflektiert über deren nicht einfaches Leben als Ehefrau. Während ihres Weges zu Lea schildert sie ihre Eindrücke des geschäftigen Lebens in Jerusalem. Plötzlich überlegt sie es sich anders und geht statt zu Lea zur Grabeskirche in der Hoffnung, dort ihren Retter zu treffen. Tatsächlich sieht sie vor der Kirche den Tempelritter, der sie aus den Flammen gerettet hat, und ist wie gelähmt von seinem Anblick. Sie beschließt, Daja zu bitten, ihn zum Abendessen einzuladen.

Tempelritter (S. 67–85)

Der Tempelritter erzählt, was er nach der Errettung des Mädchens unternommen hat. Er war zunächst ziellos herumgelaufen und dann den Berg Zion zur Marienkirche hinauf. Er erinnert sich daran, wie er zusammen mit anderen Tempelrittern den von Richard Löwenherz ausgehandelten Waffenstillstand mit dem Sultan Saladin gebrochen hat, in einen Hinterhalt geriet, gefangen genommen wurde und hingerichtet werden sollte. Bei der Hinrichtung der Tempelritter wurde er auf Geheiß Saladins ohne Begründung als einziger verschont. Mehr noch: Der Sultan gab ihn frei und stellte ihn unter seinen persönlichen Schutz.

Herkunft

Der Tempelritter erinnert sich an seine Herkunft: an seine Kindheit auf der Stauffenburg in Schwaben und als ihm klargemacht wurde, dass er nicht Curd von Stauffen, der Sohn Konrads von Stauffen ist, sondern Leu von Filnek, der Neffe Konrads.

Besuch beim Patriarchen

Er verbringt die Nacht im Hospiz der Johanniter. Am nächsten Morgen, dem ersten Tag nach der Rettung Rechas aus den Flammen, sucht er den Patriarchen – den Bischof von Jerusalem – auf, den höchsten Vertreter der Kirche in Jerusalem, der er wie alle Tempelritter absoluten Gehorsam geschworen hat. Dieser fordert ihn nun auf, als Spion tätig zu werden, Saladins Soldaten, Waffen und Befestigungsanlagen auszuspähen und den Sultan wenn möglich zu töten. Dem Tempelritter widerstrebt es, seinem Wohltäter zu schaden, da das seine Ehre als Ritter verbietet. Der Patriarch bemerkt seinen inneren Widerstand und klagt das Gehorsamsgelübde der Tempelritter gegenüber der Kirche ein.

Al-Hafi (S. 86–98)

Derwisch und Schatzmeister

Al-Hafi, ein Derwisch (= muslimischer Bettelmönch), berichtet von einem Gespräch mit Nathan, bei dem er ihm offenbart, dass er, al-Hafi, zum Schatzmeister Saladins ernannt wurde, was Nathan zunächst kaum glauben mag. Daraufhin erzählt ihm al-Hafi, dass er mit Saladin verwandt sei (sie sind Cousins zweiten Grades, ihre Großväter waren Brüder). Nach der Wiedergabe des Gesprächs mit Nathan gibt al-Hafi den Leserinnen und Lesern einen Einblick in die familiären Bindungen des Sultans: Sittah, Saladins jüngere Schwester, hat eine mächtige Position am Hofe; seinen verschollenen älteren Bruder Assad aber liebt Saladin am meisten, und die Ähnlichkeit mit Assad ist auch der Grund, weshalb Saladin den Tempelritter nicht hinrichten ließ. Während al-Hafi seinen Gedanken nachhängt, beobachtet er zufällig ein wohl geheimes Treffen zwischen Melek, dem jüngeren Bruder Saladins, und dem Hauptmann Abu Hassan. Am Ende berichtet al-Hafi von einem Gespräch mit Sittah über die Finanzprobleme des Sultans, der darauf wartet, dass die Schiffe mit den Steuereinnahmen aus Ägypten ankommen, um die leere Staatskasse zu füllen. Sittah schlägt vor, al-Hafi solle in der Zwischenzeit seinen Freund Nathan um einen Kredit bitten.

Daja (S. 99–108)

Daja berichtet von der zufälligen Begegnung Nathans und des Tempelritters in der Nähe der Stadtmauer. Der Tempelritter weist den Dank Nathans zunächst verächtlich zurück; Grund hierfür ist Nathans jüdische Religion. Daja reagiert empört und wirft ihm

Selbstgerechtigkeit und Überheblichkeit vor. Nathan versucht, Daja zu beruhigen, und weist auf die mangelnde Lebenserfahrung des Tempelritters hin. Anschließend antwortet Nathan dem Tempelritter direkt auf dessen Zurückweisung und weist darauf hin, dass Gott ihm die Rettung eines Menschlebens unabhängig von dessen Religionszugehörigkeit lohnen werde, da vor Gott alle Brüder seien, und lädt ihn zum Abendessen ein. Der Tempelritter reagiert zuerst verwirrt, nach Dajas nun herzlichen Worten nachdenklich und nimmt die Einladung an. Bei diesem Abendessen schließen der Tempelritter und Nathan Freundschaft miteinander, während Recha sich endgültig in den Tempelritter verliebt.

Zusammentreffen Nathan – Daja – Tempelritter

Recha (S. 109–119)

Recha erzählt, dass sie die ganze Zeit über an den Tempelritter denkt, augenscheinlich empfindet sie für ihn eine große Zuneigung. Sie hat einen Traum, der die Unerfülltheit der Liebe nahelegt. In ihrer Umgebung erlebt sie Beispiele für Liebesbeziehungen: Zipora hat sich in Elijahu verliebt, der von der Zuneigung noch nichts ahnt; ihre Freundin Lea erwartet ihr zweites Kind, sie hofft, wie sie Recha mitteilt, die sie besucht, dass es wie von Ehemann und Schwiegermutter gefordert ein Junge wird. Recha hätte ihrer Freundin gerne vom Tempelritter und ihrer eigenen emotionalen Situation erzählt, doch sie muss feststellen, dass Lea andere Sorgen hat.

Recha hat sich verliebt

Sittah (S. 120–135)

Sittah erinnert sich an den Tag, als Melek, Saladins und Sittahs Bruder, vom Treffen mit einem Unterhändler der Franken zurückkehrt und den Vorschlag vom englischen König Richard Löwenherz für ein Friedensabkommen überbringt, der darin besteht, dass Melek eine Schwester des englischen Königs heiraten und die Herrschaft über Jerusalem haben solle; Sittah wird die Ehe mit einem Vetter des englischen Königs in Aussicht gestellt. Dafür soll Saladin das Kreuz Jesu herausgeben, das in seinem Besitz ist.

Sittah erzählt vom Vorschlag des englischen Königs

Saladin und al-Hafi halten den Vorschlag für eine Kriegslist, sie glauben, dass die Gegenseite auf Saladins sofortige Ablehnung spekuliert, was als Folge einen Keil zwischen Saladin und seinen Bruder treiben und so die familiäre Einheit zerstören soll, indem der bekannte Machthunger Meleks angestachelt wird. Dennoch geht Saladin am Ende auf den Vorschlag ein, um zu sehen, ob die Gegenseite wirklich so an einem Friedensabkommen interessiert ist wie er selbst. Ein englischer Unterhändler, der daraufhin in den Palast Saladins kommt, revidiert den Vorschlag mit dem Hinweis, dass sich die Schwester des Königs weigere, die Ehefrau eines Muslims zu werden; außerdem solle Sittah vor einer Hochzeit zum christlichen Glauben übertreten. Damit wird klar, dass das Friedensangebot eine List gewesen ist. Saladin fehlt aber das Geld für einen Angriff gegen die Kreuzfahrerheere. Sittah sieht daher einen dringenden Grund, dass al-Hafi seinen Freund Nathan um Geld bittet. Saladins Hauptmann Abu Hassan meint sogar, dass man den reichen Juden Jerusalems gewaltsam die Habe entreißen könne.

Saladin braucht Geld

Abu Hassan (S. 136–143)

Er steht als Hauptmann im Dienste Saladins; ihm war es gelungen, den Angriff der Tempelritter, unter denen sich auch Rechas Retter befand, niederzuschlagen und die Gefangengenommenen nach Jerusalem zu bringen, wo sie hingerichtet wurden. Abu Hassan räumt ein, dass er sich einer Widerstandgruppe gegen Saladin angeschlossen habe, da er dagegen sei, mit den Feinden Frieden zu schließen oder sogar einer Heirat zwischen der Familie des Sultans und der Familie des englischen Königs zuzustimmen. Darüber hinaus kritisiert er, dass Saladin es Juden erlaubt habe, sich in Jerusalem anzusiedeln. Auch bei der Eroberung Jerusalems im Jahre 1187 habe sich Saladin viel zu nachgiebig mit den Besiegten gezeigt; Saladins Vorstellung, Jerusalem den christlichen und den jüdischen Gläubigen zugänglich zu machen, verurteilt er scharf, denn seiner Ansicht nach müssten alle Andersgläubigen

Religiöser Fanatiker

aus dem Land vertrieben werden. Die Widerstandsgruppe will daher den Sturz Saladins herbeiführen und seinen Bruder Melek zum Herrscher machen.

Tempelritter (S. 144–153)

Der Tempelritter führt eine Gruppe deutscher Pilger durch Jerusalem. Er erkennt, dass er sich in Recha verliebt hat; Rechas Judentum und sein Keuschheitsgelübde erscheinen ihm aber als unüberwindliche Hindernisse. Er erinnert sich an seine lieblose Kindheit und Jugend auf der Burg Stauffen in Deutschland, an seine Ausbildung zum Ritter auf der Burg Tannenberg und an den Moment, als er, nun schon ein junger Ritter und zurück auf der Stauffenburg, seinen vermeintlichen Vater zur Rede stellt, nachdem dieser wieder einmal abfällige Bemerkungen gemacht hat. Konrad von Stauffen teilt ihm daraufhin mit, er sei gar nicht sein Vater, sondern sein Onkel, und dass seine Mutter – Konrads Schwester – ihn als Säugling bei ihm zurückgelassen habe, als sie ihrem Mann ins Heilige Land folgte; danach habe man nie wieder etwas von ihr gehört. Sein tatsächlicher Name sei nach damaliger Auskunft der Mutter Leu von Filnek, vom leiblichen Vater wisse er, Konrad, nichts. Für den jungen Ritter ist diese Offenbarung das Signal, sein bisheriges Leben hinter sich zu lassen, bereitwillig schließt er sich den Kreuzfahrern an, als zu einem neuen Kreuzzug aufgerufen wird. Er erinnert sich an seinen Lehrer Helmfried, der von Saladin hingerichtet wurde. Seine Erinnerungen werden von Daja unterbrochen, die ihn zu einem Gespräch unter vier Augen am Abend bittet.

Curd von Stauffen oder Leu von Filnek?

Al-Hafi (S. 154–166)

Sittah fordert al-Hafi auf, Nathan unverzüglich zu Saladin zu bringen. Er berichtet Nathan, dass der Sultan ihn um Geld bitten würde, was Nathan erwartet hat. Doch Saladin spricht nicht von Geld, sondern stellt dem im Ruf des Weisen stehenden Nathan die Frage nach der richtigen Religion, auf die dieser mit einem

Gleichnis, der sog. Ringparabel, antwortet. Die Religionen würden sich zwar in ihren kultischen Ausprägungen unterscheiden, im Kern vereine sie aber der Glaube an Gott und das allen Religionen innewohnende Gebot der Nächstenliebe und Barmherzigkeit. Möglicherweise lasse sich die eine, die wahre Religion gar nicht ermitteln; die Gläubigen hätten aber die Aufgabe, durch das Praktizieren von Gottes- und Nächstenliebe den Beweis dafür zu erbringen, dass ihre Religion die wahre sei. Saladin ist tief beeindruckt und ergreift Nathans Hand. Nathan bietet Saladin einen Kredit an, erwähnt dabei den Tempelritter und Rechas Rettung, die nur deshalb zustande kommen konnte, weil der Sultan den Tempelritter vorher bei der Hinrichtung verschont hatte. Saladin dankt ihm für den Kredit und bittet Nathan um seine Freundschaft. Wieder allein mit al-Hafi, äußert sich Nathan skeptisch, ob sein „Traum", seine humanistische Vorstellung von der friedlichen Koexistenz der Religionen, tatsächlich in die Wirklichkeit, die ganz anders aussieht, Eingang finden kann.

Nächstenliebe und Barmherzigkeit

Die Ringerzählung Nathans als Parabel[6]

Ringparabel bei Lessing

a) Ein Mann besitzt einen Ring, der seinen Träger vor Gott und Menschen „angenehm" (S. 160) macht, wenn er in dieser Zuversicht getragen wird. Der Ring wird jeweils dem am meisten geliebten Sohn vererbt und bestimmt diesen zugleich als Familienoberhaupt.
b) Ein Nachfahre hat drei Söhne, die er alle in gleicher Weise liebt. Er lässt heimlich zwei Kopien des Ringes anfertigen. Nach seinem Tode streiten sich die Söhne erfolglos um die Nachfolge.
c) Einschub: Saladin weist auf die Unterschiede der Religionen hin und überträgt die Frage nach der Unterscheidung der drei Ringe damit richtig auf die Frage nach der wahren Religion. Nathan begegnet dem mit der Feststellung, dass die die drei

6 Vgl. zu „Parabel" den Materialienteil, Kapitel 5.2.

DIE RINGERZÄHLUNG LESSINGS ALS PARABEL

Bildhälfte	Sachhälfte
drei Ringe, die von einem Vater vererbt werden	gemeinsamer Ursprung aller Religionen, hier des Judentums, des Islam und des Christentums
Auseinandersetzung um den echten Ring	Zeit der Glaubenskriege, Kreuzzüge als militärischer Ausdruck des Kampfes um die rechte Religion
Rat des Richters, durch humanes Handeln Echtheit des jeweiligen Ringes zu erweisen	ethischer Appell an die religiöse Lebenspraxis: Toleranz und Mitmenschlichkeit

Religionen verbindenden Kernelemente Gottes- und Nächstenliebe das Wesentliche seien; die unterschiedlichen Rituale der einzelnen Religionen müssten jeweils als „Überlieferung" (S. 162) von den eigenen Angehörigen angenommen werden.

d) Nathan erzählt die Geschichte weiter: Die drei Brüder führen gegeneinander Klage vor einem Richter. Der Richter mutmaßt, dass der richtige Ring verloren gegangen sein könnte, da der Streit der drei zeige, dass die Kraft des Ringes nicht wirke.

e) Der Richter gibt ihnen abschließend einen Rat: Sie sollen jeweils an die Kraft des eigenen Ringes glauben und sich bemühen, die Echtheit ihres Ringes zu beweisen, indem sie ein gottgefälliges, von Mitmenschlichkeit geprägtes Leben führen. In tausend Jahren werde ein weiserer Richter die Frage nach dem richtigen Ring beantworten können.

Daja (S. 167–175)

Selbstkritisch schildert Daja, wie böse Gedanken über sie gekommen sind, die sie letztendlich dazu bringen, Nathan zu verraten: Während des Marktbesuches trifft sie auf den Tempelritter, was bei ihr urplötzlich die Sehnsucht nach Deutschland auslöst; sie bittet den Tempelritter um ein Gespräch unter vier Augen am Abend. Zwar erkennt sie nach ihrer Rückkehr vom Markt, dass die Intention für diese Handlung ihr Wunsch nach Rückkehr in die Heimat ist, den sie glaubt, durch eine Hochzeit zwischen Recha und dem Tempelritter realisieren zu können. Auch dass sie Nathan mit ihrem Geständnis in große Gefahr bringt und seine Familie zerstört, ist ihr bewusst. Als sie abends zu dem Treffen mit dem Tempelritter aufbricht, nimmt sie sich daher vor, Nathan nicht zu verraten; doch das Heimweh nach Deutschland und das Interesse des Tempelritters an Recha bringen sie dazu, ihm anzudeuten, dass Recha weder die Tochter Nathans noch eine Jüdin ist, wie sie von Elijahu weiß. Sie bereut ihre Sätze, weiß aber auch, dass sie sie nicht mehr ungeschehen machen kann.

Daja macht einen großen Fehler

Tempelritter (S. 176–190)

Nach der Offenbarung von Rechas christlicher Abstammung ist der Tempelritter zunächst tief verwirrt und beklagt sein Keuschheitsgelübde. Schließlich fasst er den Entschluss, am nächsten Morgen den Patriarchen als Repräsentanten der Kirche um Rat zu fragen, was er in dieser Situation unternehmen solle. Der Tempelritter legt dem Patriarchen den Fall hypothetisch dar: Wie sei die Religionszugehörigkeit eines Mädchens zu bestimmen, das zwar als Christin geboren, dann aber als Jüdin erzogen worden sei? Der Patriarch will unverzüglich wissen, ob es sich um einen wahren Fall handelt, der sich in Jerusalem zugetragen hat; der Jude, so versichert er, verdiene in jedem Fall den Tod, selbst wenn er dem Mädchen dadurch das Leben gerettet hätte. Er fordert den Tempelritter mehrfach auf, ihm den Namen des Juden zu verraten. Für den Tempelritter bedeutet das eine Situation, in der er nicht mehr klar denken kann und von seinen Gefühlen überwältigt wird; es wird nicht eindeutig klar, ob er in seinem verwirrten Zustand den Namen tatsächlich verrät. Der Tempelritter beschließt, den Sultan um Hilfe zu bitten.

Falldarlegung

Geschem (S. 191–202)

Zusammen mit Nathan, Elijahu, Jakob und Recha geht er auf eine Geschäftsreise nach Jericho, die Nathan Recha zuliebe unternimmt. Dort verbringt Geschem zusammen mit dem jungen Muslim Mussa einen Tag in einer muslimischen Stadt und stellt sich am Ende des Tages verwirrt die Frage, ob er selbst Muslim oder Jude sei. Die Erfahrung, dass er nicht dem Ruf des Muezzins folgen will, macht ihm klar, dass er sich eher als Jude fühlt; daher nennt er sich fortan Geschem Ben Abraham.

Geschem in Jericho

Recha (S. 203–217)

Daja offenbart Recha, dass der Tempelritter sie liebt und dass sie Christin ist. Vor allem die Nachricht, dass Nathan nicht ihr Vater ist, trifft Recha tief. Daja erzählt ihr, dass ihre Mutter, die im Sterben lag, Recha einem Klosterbruder mit der Bitte übergab, sie Nathan zu bringen. Wer diese Frau gewesen sei, wisse sie nicht. Auf Rechas Irrgang durch Jerusalem fallen ihr die vielen bettelnden und arbeitenden Kinder auf; zurück vor dem Haus trifft sie auf Geschem und spricht mit ihm über die Bedeutung eines Namens und eines Zuhauses. Recha erkennt, dass sie mit Geschem das Schicksal als Findelkind teilt; im Unterschied zu ihm sei sie aber nicht in diesem Bewusstsein aufgewachsen, da ihr Nathan stets vermittelt habe, welches ihr Zuhause sei. Am Ende ihrer Überlegungen nimmt sie sich vor, mit Nathan über ihre Herkunft zu sprechen und darüber, wie ihre Zukunft aussehen könnte.

Dajas Offenbarung

Elijahu (S. 218–229)

Er berichtet davon, dass endlich die Schiffe mit den Steuereinnahmen angekommen wären und dass Sittah daraufhin bei Nathan Stoffe bestellt habe, die Nathan mit Elijahu an einem frühen Abend in den Palast bringt. Im Palast hält sich auch der Tempelritter auf, der nicht mehr die typische Kleidung seines Ordens trägt, sondern ein dunkles Gewand und einen weißen Turban;

Der Tempelritter als Neffe Saladins

Elijahu erzählt von dem Gerücht, der Tempelritter sei vermutlich der Sohn von Saladins verschollenem Bruder Assad. Der Sultan begrüßt Nathan und Elijahu auf das Herzlichste, auch der Tempelritter, der sich nun Leu von Filnek nennt, ist froh, Nathan zu sehen. Elijahu beobachtet, dass der Hauptmann Abu Hassan einem anderen, finster aussehenden Krieger mit einem langen Schwert etwas zuflüstert und dabei auf Nathan zeigt, der gerade das Geld für die Stoffe in seinem Gürtel verstaut. Nathan und Elijahu machen sich nachts fröhlich auf den Heimweg, kurz vor ihrem Haus werden sie von mehreren vermummten Männern überfallen, Elijahu wird verletzt, Nathan ausgeraubt und getötet.

Tod Nathans

Wer die Täter sind, kann Elijahu nicht erkennen; vermutlich aber sind es die Männer des Judenhassers Abu Hassan, das zumindest legt der Kontext nahe.

Recha (S. 230–248)

Recha berichtet von ihrer Trauer, als der Leichnam Nathans ins Haus gebracht wurde. Ausdrücklich bezeichnet sie ihn als „Vater" und erzählt dann von dem letzten Gespräch mit ihm, in dem er ihr die Geschichte ihrer unbekannten Herkunft und seiner eigenen Vergangenheit schilderte. In diesem Gespräch versicherte er ihr, dass sie seine Tochter sei, nicht wegen leiblicher Verwandtschaft, sondern wegen der Liebe, die sie beide verbinde. Der schwer verletzte Elijahu äußert aufgrund seiner Beobachtung im Palast die Vermutung, dass Abu Hassan der Täter sei; aber Recha fordert zum Racheverzicht auf und plädiert für Liebe und

Recha tritt Nathans materielles und ideelles Erbe an

Barmherzigkeit. Als Tochter Nathans tritt Recha sowohl sein materielles wie sein ideelles Erbe an. Leu von Filnek, der frühere Tempelritter, beichtet Recha den Besuch beim Patriarchen, er fürchtet, dass der Patriarch Nathan umbringen ließ und ihn damit indirekt eine Mitschuld am Tod Nathans trifft, auch wenn er gegenüber dem Patriarchen keinen Namen genannt habe. Als Leu von seiner Kindheit erzählt, erkennt Recha, dass auch er ein elternloses Kind gewesen ist, das bei einem Mann aufwuchs, den es für seinen Vater hielt. Allerdings sei sie im Unterschied zu ihm kein ungeliebtes Kind gewesen. Am Ende unterstreicht Recha nochmals, dass eine Liebesbindung mitunter stärker sein könne als eine Bindung aus leiblicher Abstammung. Nachdem sie Leu verabschiedet hat, geht sie in ihr Haus zurück, sie sieht Daja, Zipora, Elijahu und Geschem und wendet ihren Blick in die Zukunft.

3.4 Aufbau

Formaler Aufbau

Der Roman ist in 18 Kapitel unterteilt, die jeweils die Namen der acht Figuren tragen, aus deren Perspektive das Kapitel erzählt wird. Die folgende Übersicht orientiert sich an dieser Einteilung:

Figuren (alphabetisch)	Erzählte Kapitel pro Figur	Kapitel/Seiten
Abu Hassan	1	136–143
Al-Hafi	2	86–98, 154–166
Daja	3	24–40, 99–108, 167–175
Elijahu	2	41–54, 218–229
Geschem	2	9–23, 191–202
Recha	4	55–66, 109–119, 203–217, 230–248
Sittah	1	120–135
Tempelritter	3	67–85, 144–153, 176–190

Nach Recha werden die meisten Kapitel den Figuren Daja und Tempelritter zugestanden.

Die Grundstruktur der Handlung

Zwei prägende Handlungsstränge

Bereits der Titel des Romans *Nathan und seine Kinder* weist auf die zwei prägenden Handlungsstränge hin, die zum einen Recha, zum anderen Nathan in den Mittelpunkt stellen. Der Roman übernimmt dabei handlungsstrukturelle Elemente aus Lessings Drama *Nathan der Weise*, Ringparabel und Saladins Geldnot sind auch im Roman strukturell miteinander verbunden. Mit der besonderen Betonung der Figur der **Recha** (und der anderen elternlosen Figuren) folgt der Roman dem Handlungsmuster des modernen Adoleszenzromans, worin die Endphase der Jugendzeit dargestellt wird. Als „Adoleszenz" gilt „allgemein jene Phase, die den ‚Abschied von der Kindheit' und den Eintritt in das Erwachsenenalter bezeichnet (...). Damit ist auch gesagt, dass die Besonderheit dieser lebensgeschichtlichen Phase im Mit- und Gegeneinander von körperlichen, psychischen und sozialen Prozessen besteht (...). Es geht sozusagen um die ‚Neuprogrammierung' der physiologischen, psychologischen und psychosozialen Systeme"[7]. Literarisch wird dieser Prozess der „Neuprogrammierung" im Reisemotiv verarbeitet, idealtypisches Ziel dieser Reise ist die Identitätsfindung des Protagonisten, hier Recha, der Abschied von der Kindheit wird zumeist mit Todesmotiven gekoppelt. Die „Reise" wird als Weg hin zur Identität verstanden, meist wird der Übergang mit einem Initiationsritual (Brauch bei der Einführung der Jugendlichen in den Kreis der Erwachsenen) markiert, die Todeserfahrung symbolisiert den Abschied von der alten Kindheitsidentität, der Neubeginn mit der Erwachsenenidentität fällt zusammen mit dem Hineinwachsen in soziale Rollen.

Reisemotiv

Da ein Fokus der Romanhandlung auf Recha gerichtet ist, lässt sich an ihrer Entwicklung die Handlungsstruktur im Hinblick auf ihren Adoleszenzprozess im folgenden Schaubild nachvollziehen.

7 Gansel 2000, S. 359 f.

DIE RECHA-HANDLUNG ALS ADOLESZENZPROZESS

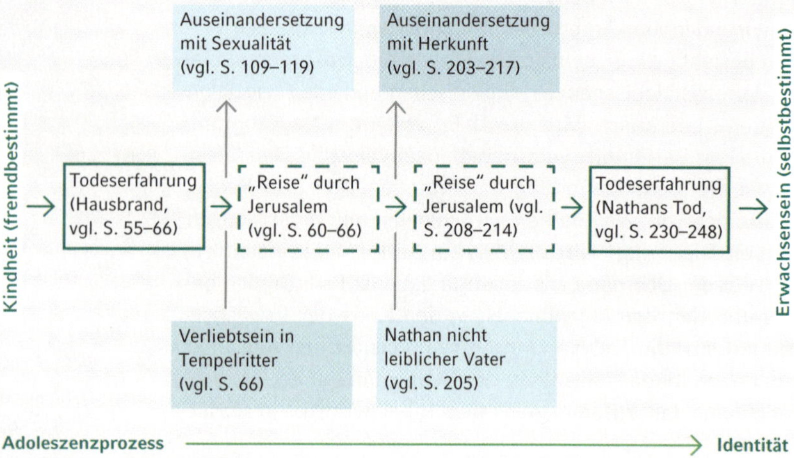

Ein anderer Fokus ist naturgemäß auf **Nathan** gerichtet. Die Handlungsstruktur, die ihn in den Mittelpunkt stellt, ist eher dem klassischen Dramenschema verbunden.

DIE NATHAN-HANDLUNG ALS KLASSISCHES DRAMENSCHEMA

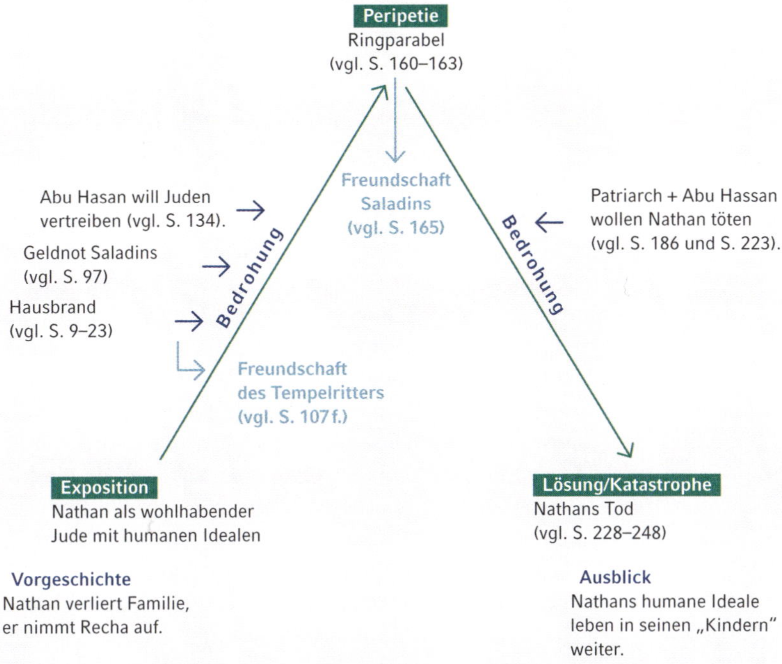

Thematische Struktur der figurenbezogenen Kapitel

Themenkomplex 1: Wahrheit/Religion/Humanität

Ideelles Zentrum des Themenkomplexes ist naturgemäß die Ringparabel, in der die Liebe zu Gott und den Mitmenschen als wichtigste ethische Forderungen der Religionen gesehen werden. Nathan praktiziert diese Ideale in seinem Leben, wie die Vorgeschichte und die Trauer um seine Familie zeigt, hat aber auch Zeiten der Anfechtung durchlebt, in denen er Rache für seine

Nathan praktiziert seine Ideale

getötete Familie forderte (vgl. S. 46). Mit der Übergabe Rechas verschwindet das Racheverlangen, und die Überzeugung eines guten Gottes, der eine Aufgabe für ihn bereithält, nimmt von ihm Besitz: „Gott hat mir eines für sieben gegeben" (S. 48). Nächstenliebe praktiziert er gegenüber den ihm anvertrauten Menschen, aber auch gegenüber Fremden. Als Maxime seines Handelns formuliert er: „Gott ist unerreichbar, und wir können ihm nur dadurch nahe sein, dass wir seine Geschöpfe lieben" (S. 54), „das höchste Ziel der Menschen muss die Vernunft sein. Vernunft und die Liebe zu anderen Menschen" (S. 48). Seine Ideale leben in Recha weiter, die auf den Verlust ihres Vaters zunächst mit Trauer und dem Versuch reagiert, den Mörder zu finden, später aber ganz auf Vergebung setzt: „Ich möchte ohne Zorn an ihn denken, ohne Rachegefühle" (S. 247).

Saladin und der Tempelritter

Auch der Sultan und der Tempelritter vertreten im Kern die Überzeugung Nathans, allerdings haben sie aufgrund ihres politischen Engagements oft keine Möglichkeit dazu, diese Überzeugung auch zu realisieren. Ob sich durch den Tod Nathans daran etwas ändert, lässt der Roman offen – die Überzeugung, dass humanes Handeln gottgefällig ist, wirkt jedoch sowohl im Tempelritter als auch im Sultan.

Abu Hassan und der Patriarch

Die Gegner dieses humanen Denkens sind Abu Hassan und der Patriarch. Beide sind der Ansicht, dass es gottgefällig ist, die Gegner zu bekämpfen und zu töten. Abu Hassan meint zu Beginn seiner Erzählung: „Schon mein Vater war Hauptmann, und er hat uns, seine Söhne, zu Kämpfern erzogen, zu Kämpfern für Allah, für unseren heiligen Glauben und unsere muslimischen Brüder und natürlich auch für die eigene Ehre, und er war stolz darauf gewesen, als die Nachricht kam, dass mein ältester Bruder im Kampf gegen die Franken gefallen war" (S. 136).

Nathans Traum überlebt Nathans Tod

Durch Nathans Tod scheinen seine Gegner zunächst gewonnen zu haben; seine Ideale wirken aber in denen weiter, die ihn kennengelernt haben und die er erzogen hat. Daher kann man feststellen, dass mit Nathans Tod nicht gleichzeitig auch der

Traum von Toleranz und Humanität über die Religionsgrenzen hinweg gestorben ist.

Themenkomplex 2: Saladins Geldnot

Das Thema wird erstmals von al-Hafi erwähnt, dem von den „sehnsüchtig erwarteten" (S. 95), aber ausbleibenden Schiffen mit den Steuereinnahmen aus Ägypten berichtet wird. Als Saladins Schatzmeister muss er den Mangel verwalten und er weiß nicht mehr, wie er die Ausgaben decken soll: „Aber was kann man von null subtrahieren?" (S. 96) Obgleich Sittah bereits ihr Privatvermögen zur Verfügung gestellt hat, reicht das Geld nicht aus, um allen Verpflichtungen des Sultans nachzukommen; politische Bedeutung erlangt die Geldnot dadurch, dass Saladin sein Heer nicht mehr finanzieren kann, das er im Falle eines erneuten Bruchs des Waffenstillstandes durch die Kreuzfahrer dringend braucht (vgl. S. 97 f.). Ein Grund für die Geldnot ist Saladins Freigiebigkeit: „Jeder, der sich mit einer Bitte an ihn wendet, bekommt, was er verlangt. Saladin kann es nicht ertragen, dass irgendjemand ihn enttäuscht verlässt" (S. 97).

Saladin ist zu freigiebig

Sittah schlägt vor, al-Hafi solle seinen Freund Nathan um einen Kredit bitten (vgl. S. 98); doch al-Hafi ist skeptisch, ob Nathan dieser Bitte Folge leisten wird: „Ich wusste genau, was Nathan sagen würde: Dir gebe ich so viel Geld, wie du willst, aber nicht dem grausamen Sultan" (ebd.).

Das Motiv „Geldnot" erfährt eine Steigerung, als Abu Hassan nach den gescheiterten Friedensverhandlungen mit dem englischen König darauf drängt, die reichen Juden der Stadt entweder zu erschlagen oder zu enteignen und zu vertreiben, um mit deren Mitteln einen Angriff auf das Kreuzfahrerheer finanzieren zu können (vgl. S. 133 f.). Sittah befiehlt al-Hafi schließlich, Nathan zu holen (vgl. S. 154), doch dieser ist keineswegs überrascht, als al-Hafi ihm von dem Kreditwunsch des Sultans berichtet. Nach der Erzählung der Ringparabel bietet Nathan dem Sultan von sich aus diesen Kredit an und verspricht, das

Nathan gibt Saladin Kredit

Geld noch am selben Tag in den Palast bringen zu lassen (vgl. S. 164 f.).

Einige Tage später sind die Steuereinnahmen angekommen und Sittah bestellt bei Nathan Stoffe für neue Kleider (vgl. S. 218 f.); von einem Angriff auf das Kreuzfahrerheer wird nicht mehr gesprochen.

Themenkomplex 3: Herkunft/Identität/Adoleszenz

Die tödliche Bedrohung durch das Feuer ist für Recha eine existenziell erschütternde Erfahrung. Darüber hinaus öffnet sie durch die Begegnung mit dem Tempelritter den Raum für die Wahrnehmung eigener Verliebtheit und die Auseinandersetzung mit der sie erwartenden sozialen Rolle als Ehefrau und Mutter. Nathan „stirbt" in doppeltem Sinne für sie – einerseits durch die Erkenntnis, dass er nicht ihr leiblicher Vater ist, andererseits als vorbildhafter Mensch. Den ersten Verlust kompensiert sie, indem sie Liebe als Kriterium für Elternschaft mindestens gleichrangig wie die leibliche Abstammung sieht; den zweiten Verlust kompensiert sie, indem sie versucht, seinen humanen Idealen von Toleranz und Mitmenschlichkeit nachzueifern. Am Schluss des Romans übernimmt sie die Verantwortung, die sie als Tochter Nathans über das Haus und seine Bewohner tragen muss.

Kompensation der Verluste

Motiv der elternlosen Herkunft

Das Motiv der elternlosen Herkunft verbindet Recha mit den Figuren Geschem, Tempelritter und Daja. Während Geschem und Recha in Elijahu bzw. Nathan Ersatzväter finden, die die fehlende biologische Verwandtschaft durch Liebe kompensieren, sind die Ersatzeltern des Tempelritters (sein Onkel) bzw. Dajas (ihre Großmutter) zwar biologisch mit jenen verwandt, sie bauen aber keine durch Liebe geprägte elternadäquate Beziehung zu den Pflegekindern auf, sondern handeln aus rein familiärem Pflichtgefühl.

Themenkomplex 4: Erziehung des Tempelritters zu Toleranz

Im Vergleich zu Lessings Drama nimmt die Erziehung des Tempelritters wenig Raum ein: Sein humaner Charakterzug ist bereits angelegt und zeigt sich mehrfach in seinem Ritterethos. Zum einen will er selbst seinem ungeliebten Wohltäter Saladin, der seine Freunde hinrichten ließ, nicht schaden (vgl. S. 82), zum anderen rettet er Leben unabhängig von Stand und Religion (vgl. S. 102). Zudem offenbaren seine Gedanken eine sensible und durchaus selbstkritische Persönlichkeit. Die eigentliche „Erziehung" übernimmt Daja, die ihn mit deutlichen Worten auf seine arrogante Argumentationsweise („bloß das Leben eines Judenmädchens", S. 102) stößt: „Gelten Hochmut und Selbstgefälligkeit denn nicht als Sünde, wenn man in einem Schloss aufwächst?" (S.103 f.) Seine Reaktion auf die Ermahnung und auf Nathans begütigende Äußerungen ist eindeutig: „Der Tempelritter war verwirrt, Röte stieg in sein Gesicht, seine Mundwinkel zuckten. Auf einmal sah er aus wie ein Knabe, den man bei einer Dummheit ertappt hat." (S. 105)

Sensibel und selbstkritisch

Beim Abendessen schließt er Freundschaft mit Nathan. Sein Gang zum Patriarchen geschieht aus einer aus dem Verliebtsein resultierenden naiven Vertrauensseligkeit, er glaubt tatsächlich, er könne den Patriarchen um Rat und um die Entbindung vom Keuschheitsgelübde bitten (vgl. S. 181 und 244). Schnell erkennt er, dass es ein Fehler war, dem Patriarchen die Situation – wenn auch nur als hypothetischen Fall – zu schildern (vgl. S. 185), und er verlässt ihn mit einer selbstkritischen Anklage: „Warum habe ich eine solche Wendung des Gesprächs nicht vorher bedacht? Ich hätte es doch wissen können. Ich kannte die unversöhnliche Haltung der Kirche gegenüber den Juden" (S. 186 f.). Nach dem Mord an Nathan macht er sich den Vorwurf, eine Mitschuld zu tragen; da die Hinweise eher gegen eine Verantwortung des Patriarchen an dem Anschlag auf Nathan sprechen, beweist diese Haltung des Tempelritters, dass die humane

Der Tempelritter und der Patriarch

Anlage nun ganz zu dem sein Wesen bestimmenden Charakterzug geworden ist. Dazu trägt auch die beim Sultan erlebte Akzeptanz bei, die unabhängig von seiner Religionszugehörigkeit ist.

3.5 Personenkonstellation und Charakteristiken

Zusammenfassung

Die Hauptpersonen sind:

Nathan:
- reicher Kaufmann und Menschenfreund
- Glaube an Humanität, die Kraft des Verstandes und der Toleranz

Saladin:
- widersprüchliches Charakterbild
- brutaler Herrscher, aber auch einsichtig und bereit, Nathans Lehre anzunehmen

Tempelritter:
- zunächst religiös bedingte Vorurteile
- Bekenntnis zu Humanität und Toleranz

Recha:
- zunächst schwärmerisch, gefühlsorientiert
- entwickelt sich im Sinne Nathans zu einem humanen Charakter

Personenkonstellation

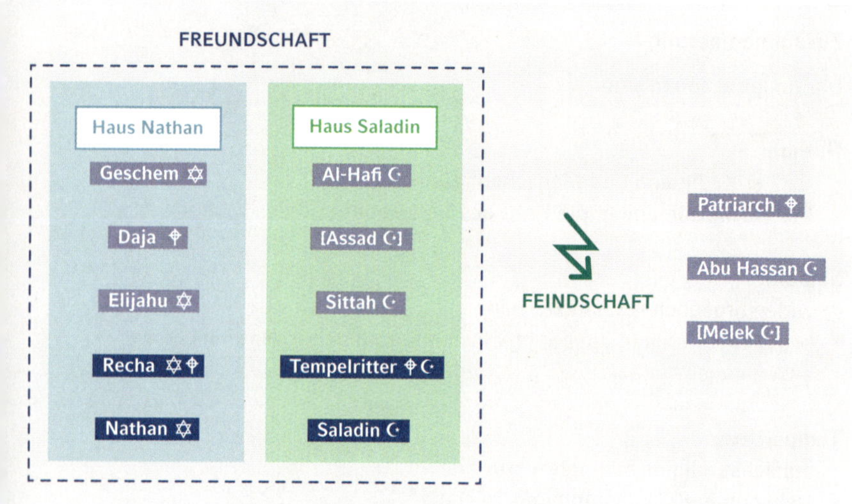

Verwandtschaftsverhältnisse

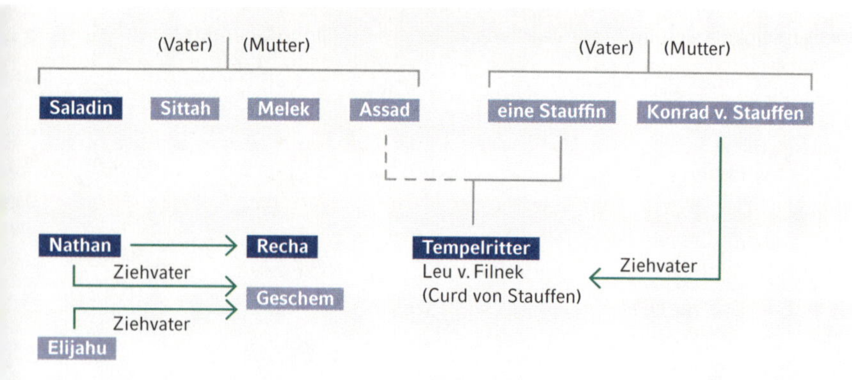

Nathan

Nathan genießt als reicher Kaufmann und Menschenfreund ein hohes Ansehen in Jerusalem, er wird als „weise" bezeichnet. Daja, Geschem, Recha und Elijahu loben seinen Großmut und seine Hilfsbereitschaft, die er ohne Ansehen der Religion gewährt.

Nathans Familie wurde ermordet

Elijahu erzählt einen Teil der tragischen Lebensgeschichte Nathans: Seine Frau und seine sieben Söhne sind 18 Jahre zuvor von Christen getötet worden. Nathan selbst habe in der Phase der Trauer an Gottes Gerechtigkeit gezweifelt und den Christen unversöhnlichen Hass und blutige Rache geschworen (vgl. S. 46). Nach einer Woche der Trauer habe ihm ein Klosterbruder einen Säugling übergeben, den Nathan als göttliches Zeichen verstand, ihn mit nach Jerusalem nahm und dort von Daja versorgen ließ.

Nathan selbst kommt im Roman nie als Ich-Erzähler zu Wort. In den Gesprächen, die er mit Daja, Recha, Geschem oder Elijahu führt, wird seine anthropologische[8] Grundhaltung deutlich: Nathan glaubt an das durch die Wirkung des Verstandes in jedem Menschen hervorzubringende Gute, das zu wahrer Humanität ungeachtet der religiösen Zugehörigkeit befähigt. Dieser Glaube macht ihn zum Erzieher Rechas, des Sultans und des Tempelritters.

Erziehung Rechas

Nathan erzieht Recha dazu, ihren Verstand bei der Bewältigung der Alltagsprobleme zu gebrauchen. Besonders in dem Gespräch über ihre Errettung durch den Tempelritter sieht man, wie Nathan die rationale Erklärung als ‚Medizin' gegen naiven Wunderglauben einsetzt; Rechas Annahme, von einem Engel gerettet worden zu sein, entgegnet er: „An einen Engel zu glauben ist natürlich bequemer, Recha. Es enthebt dich der Mühe, einem Menschen deine Dankbarkeit beweisen zu müssen. Aber in Wirklichkeit ist es leichter, einen Menschen zu lieben als einen Engel, und es ist auch leichter, einem Menschen zu danken" (S. 57).

---

8 Anthropologie: Wissenschaft vom Menschen und seiner Entwicklung.

Erziehung Saladins

Nathan wirkt als Erzieher des Sultans, allerdings kann er auf einer bereits angelegten und in Ansätzen vorhandenen humanitären Haltung des Sultans aufbauen: Die Ringparabel führt Saladin zur Erkenntnis, dass ein Mensch nicht über die Weisheit verfügt, die Frage nach der wahren Religion zu entscheiden. Der Sultan erkennt die Lehre der Ringparabel und die Betonung der Bewährung des Glaubens im praktischen Handeln. Der Optimismus, dass gutes Handeln weitere gute Taten zur Folge hat – wie man an der Begnadigung des Tempelritters, der so später Recha aus dem brennenden Haus retten kann, erkennt –, verbindet ihn mit Nathans Glauben an das Gute im Menschen, das zu gutem Handeln befähigt, die gute Tat des Sultans hat eine neue geboren (vgl. S. 165). Nathan räumt nach dem Besuch beim Sultan aber sehr pragmatisch ein, dass seine gleichnishaft geäußerte Vorstellung „nur ein Traum" (S. 166) sei, die Wirklichkeit sähe anders aus.

Erziehung des Tempelritters

Nathan legt als Erzieher des Tempelritters dessen guten Kern frei. Sein Optimismus und seine Geduld werden belohnt, als er den Tempelritter von einer Position der Verachtung der Juden und einer Ethik bloßer Pflichterfüllung („Ich habe nur das getan, was jeder christliche Ritter getan hätte, und zudem konnte ich ja nicht wissen, dass es sich bloß um das Leben eines Judenmädchens gehandelt hat", S. 102) hin zu Freundschaft und wahrer Humanität bringt (vgl. S. 107).

Nathan steht im Zentrum

Nathan ist als Hauptfigur und Namensgeber der Träger des ideellen Kerns des Romans. Anders als in Lessings Drama stirbt Nathan, sein materielles, aber vor allem geistiges Erbe übernimmt Recha, die auf Rache für den Mord verzichtet. Der im Vergleich zu Lessing veränderte Titel des Romans *Nathan und seine Kinder* weist zum einen darauf hin, dass Kindschaft nicht nur durch leibliche Verwandtschaft, sondern auch durch Liebe begründet wird, und dass es zum anderen darum geht, dass die Kinder Toleranz und Barmherzigkeit in ihrem Leben verwirklichen. Bei Nathan treffen sich Menschen wie Geschem, Recha und der Tempelritter, die insofern miteinander „verwandt" sind, als sie ohne ihre leiblichen Eltern aufgewachsen sind; dass dies aber nicht heißt, keinen Vater zu haben, macht der Einspruch Rechas deutlich, der Nathans ideelle Vaterschaft betont: „Ich bin kein verlassenes, elternloses Kind. Ich hatte einen Vater, der mich liebte." (S. 245)

Saladin

Wie Nathan, so kommt auch Saladin nie als Ich-Erzähler zu Wort, sondern wird stets aus der Perspektive anderer Figuren beschrieben. Der mächtigste Mann in Jerusalem ist klein, schmal und wirkt ernst (vgl. S. 71 und 221).

Die literarische Figur des Sultans Saladin, deren historisches Vorbild 1192 den Waffenstillstand mit Richard Löwenherz aushandelte, bietet ein zum Teil widersprüchliches Charakterbild. So befiehlt er die Hinrichtung der gefangenen Tempelritter, einen von ihnen begnadigt er aber aus persönlichen Gründen.

Humane Grundeinstellung

Seine humane Grundeinstellung wird erkennbar, wenn er trotz des christlichen Angriffs auf eine friedliche Koexistenz aller Religionen setzt, was sein Hauptmann Abu Hassan aufs Schärfste verurteilt. Saladin ist nicht nur bereit, mit den Feinden Frieden zu schließen (vgl. S. 137), sondern befiehlt auch eine Verschonung des Lebens und der Habe der Besiegten (vgl. S. 141–143). Um endgültig Frieden zu schaffen, müsste er die Feinde besiegen, doch dazu fehlt ihm das nötige Geld, da das Schiff mit den Steuereinnahmen aus Ägypten überfällig ist. So lässt er sich – wohl von Sittah – dazu überreden, seine Finanzprobleme durch einen Kredit bei Nathan zu lösen; Sittah befiehlt dem Schatzmeister al-Hafi, Nathan in den Palast zu bringen (vgl. S. 154).

Saladin ist von Nathans Ringerzählung tief beeindruckt: „Ich sah, wie er aufsprang, wie er Nathans Hand ergriff und nicht mehr losließ. Tränen standen ihm in den Augen, er war noch immer so leicht zu rühren wie als Knabe" (S. 164).

Ungelöst bleibt indes die Frage nach der Vereinbarkeit einer menschenfreundlichen Grundeinstellung mit den Erfordernissen des politischen Tagesgeschäftes eines Regenten. Saladin erfährt die Schwierigkeiten der Vermittlung beider Positionen, als er auf das scheinbar ernst gemeinte Friedensangebot des englischen Königs reagieren muss.

Gegner in den eigenen Reihen

Dass seine menschenfreundliche Einstellung selbst in den eigenen Reihen als Schwäche angesehen wird, machen die geheimen Umsturzpläne Abu Hassans und Meleks deutlich (vgl. S. 94 f. und S. 143). Ob sich die humane Grundeinstellung des Sultans in der Zukunft bei politischen Problemen bewährt, bleibt nach dem tragischen Ende Nathans als Frage offen, zumal die Täter nicht ermittelt werden und sowohl auf christlicher (Patriarch) wie auch auf muslimischer Seite (Abu Hassan, Melek) vermutet werden können.

Tempelritter/Leu von Filnek

Drei Kapitel des Romans werden aus der Perspektive des Tempelritters erzählt, anders als bei Nathan und bei Saladin kann somit nicht nur der äußere Eindruck, sondern auch die Innenperspektive der Figur für die Charakterisierung herangezogen werden.

Herkunft bleibt letztlich ungeklärt

Die Herkunft des Tempelritters bleibt letztlich ungeklärt: Aufgrund der Ähnlichkeit ist sein Vater möglicherweise Assad, der Bruder Saladins. Seine Mutter ist eine Schwester Konrads von Stauffen, der ihn auch großzieht, nachdem die Mutter den Säugling zurückgelassen hat, um ihrem Mann in den Nahen Osten zu folgen. Der Tempelritter wächst als Curd von Stauffen auf. Die verkürzte Form von Konrad, Curd, geht auf türk. „kurt" zurück, was „Wolf" bedeutet. Seinen tatsächlichen Namen, Leu von Filnek, erfährt er von seinem Onkel an dem Tag, als dieser ihm die Wahrheit über seine Herkunft erzählt (vgl. S.150).

Leu gehört dem Orden der Tempelritter an und nimmt in der Eigenschaft als Streiter Gottes am Kreuzzug teil; da ist er „kaum zwanzig Jahre alt" (S. 70). Nach der Zurückschlagung des Angriffs der Tempelritter – dieser Angriff ist ein Bruch des Waffenstillstandsvertrags – wird er von Saladin wegen der Ähnlichkeit mit Assad als Einziger begnadigt, die anderen gefangenen Ritter, auch sein väterlicher Freund Helmfried, werden hingerichtet.

Für den Tempelritter ist dies der Beginn eines Lebens mit einer neuen Identität. Er stellt einen sich entwickelnden, lernfähigen Charakter dar, dessen von Humanität bestimmtes Denken seines neuen Lebens durch Rückfälle in altes, vorurteilsbelastetes Denken gefährdet scheint. Dass es seinem ritterlichen Ehrverständnis widerspricht, sich für Spionagetätigkeiten herzugeben statt für die christliche Sache zu kämpfen, wird in seiner Reaktion auf den Befehl des Patriarchen erkennbar, Saladin wenn möglich zu töten. Leu lässt sich zu keiner Handlung bewegen, die gegen seine innere Überzeugung spricht, auch wenn er „absolute(n) Gehorsam der Kirche gegenüber" (S. 84) geschworen hat: „Das konnte er doch nicht im Ernst von mir erwarten. Wie sollte ich das mit meiner Ehre als Ritter vereinbaren? Wie sollte ich dem Mann seine Großzügigkeit mit einem Mord vergelten, auch wenn er ein Heide war?" (S. 85) Diesem positiven Charakterzug stehen auf der anderen Seite religiös bedingte Vorurteile gegenüber: So rettet er zwar das vermeintlich jüdische Mädchen Recha aus den Flammen, Dank von einem „Jude(n)" (S. 102) will er für diese Handlung aus ritterlichem Pflichtethos jedoch nicht. Den „guten Kern" des Tempelritters legt Nathan durch sein Bekenntnis zu einer religionsunabhängigen Humanität frei. Auf dem gemeinsamen Bekenntnis zu Humanität und Toleranz gründet sich ihr Wunsch, Freundschaft zu schließen.

Ritterliches Ehrverständnis

Religiös bedingte Vorurteile

Der Tempelritter verliebt sich in Recha, dies führt zu einem Gewissenskonflikt mit den Feindbildern und Keuschheitsregeln seines Ordens: Auf der einen Seite ist die Verbindung mit einer Jüdin für einen Christen völlig undenkbar, auf der anderen Seite widerspricht sie dem Keuschheitsgelübde der Tempelritter.

Gewissenskonflikt

Als ihm Daja Andeutungen über Rechas christliche Abstammung macht, sucht er den Patriarchen auf, um sich von seinem Keuschheitsgelübde entbinden zu lassen (vgl. S. 181 und S. 244).

Auch das Problem, ob Recha noch Christin ist, wenn sie im jüdischen Glauben erzogen wurde, will er mit dem Patriarchen diskutieren, dieser jedoch interessiert sich nur für den Namen des Juden, den er sofort töten lassen möchte. Der Tempelritter erkennt, dass er einen Fehler gemacht hat, und sucht Rat bei Saladin, der ihn als Neffen aufnimmt, weil er glaubt, dass Leu der Sohn seines geliebten Bruders Assad ist. Assad ist verschwunden, alle glauben, „es sei wegen einer Frau gewesen, einer Fremden" (S. 220). Saladin scheint Leus Religionszugehörigkeit gleichgültig zu sein:

> „Der Sultan ist so glücklich, dass er ihn gefunden hat, ich glaube, es ist wohl egal, ob er Christ ist oder Muslim. Als Neffe des Herrschers darf er sein, was er will. Und außerdem heißt er nicht mehr Curd von Stauffen, sondern Leu von Filnek" (S. 220).

Leu trägt nun auch nicht mehr den Templermantel, sondern einen Turban, und es kommt Elijahu so vor, als sähe er „wie ein arabischer Prinz" (S. 220) aus. Dem Templerorden gehört er nicht mehr an, denn er wird im letzten Kapitel als „frühere(r) Tempelritter" (S. 235) bezeichnet.

Zukünftige Beziehung zu Recha bleibt ungewiss

Der Roman schließt mit einem Gespräch zwischen Recha und dem Tempelritter, in dem dieser gesteht, dass er möglicherweise ungewollt den Patriarchen auf Nathan aufmerksam gemacht habe, ohne aber dessen Namen genannt zu haben. In ihrem Gespräch tauschen sie sich auch über die Frage nach den Eltern aus, und während der Tempelritter betont, sie seien „beide verlassene, elternlose Kinder" (S. 245), bekennt sich Recha zu Nathan und ihrer liebevollen Vater-Tochter-Beziehung. Sie verabschieden sich, ohne dass deutlich wird, wie sich ihre Beziehung weiter entwickeln wird: „Am Tor verabschiedeten wir uns. Ich schaute ihm lange nach, bevor ich das Haus betrat" (S. 247).

Patriarch

Der Patriarch, der Bischof von Jerusalem, ist „ein großer, schwerer Mann" (S. 80). Wie Nathan und Saladin kommt auch er als Ich-Erzähler nicht zu Wort. Er tritt in zwei Erzählungen des Tempelritters auf: In der ersten berichtet er von seinem ersten Bischofsbesuch nach seiner Begnadigung (vgl. S. 79–85). Der Patriarch verlangt von Leu, er solle den Sultan ausspionieren (vgl. S. 82) und ihn am besten töten (vgl. S. 84 f.). Er erinnert den Ritter an sein Gelübde und seine Gehorsamspflicht gegenüber der Kirche. Dies zeigt, dass er ein machtbewusster und autoritärer Kirchenpolitiker ist. Der Patriarch ist diejenige Figur, der alle Abneigung der Leserinnen und Leser gilt. Sein Amt als christlicher Bischof missbraucht er als Machtinstrument, von tiefer religiöser Durchdringung im Lichte christlicher Nächstenliebe ist bei ihm nichts zu spüren. Auch der zweite Besuch (vgl. S. 182–188) des Tempelritters macht den Charakter des Patriarchen deutlich: „Als ihm klar wurde, das ich keineswegs mit einem geheimen Bericht über die Waffen und Befestigungsanlagen des Sultans gekommen war, verschwand das Lächeln aus seinem Gesicht. Er legte ein angebissenes Gebäckstück zurück auf den Tisch, seine Miene wurde finster." (S. 183)

Machtbewusster und autoritärer Kirchenpolitiker

Die Frage des Tempelritters nach der Bewertung der jüdischen Erziehung eines christlichen Mädchens beantwortet der Patriarch klar mit der Forderung nach der Todesstrafe: „Ein Jude, der einem Christenkind so etwas angetan hat, muss mit seinem Leben dafür bezahlen" (S. 186). Er will den Namen des Juden erfahren und setzt dabei seine ganze Autorität ein (vgl. S. 187). Dem Hinweis des Tempelritters, dass der Jude dem Mädchen das Leben gerettet habe, begegnet der Patriarch kalt, dass das Kind besser tot wäre als seinem „Glauben entfremdet" (S. 186) – auch diese Haltung entlarvt ihn als intoleranten, inhumanen Ideologen.

Intoleranter und inhumaner Ideologe

Al-Hafi

Muslimischer Freund Nathans

Al-Hafi ist der Schachpartner Nathans und sein und Dajas Freund („harmloser, anspruchsloser Gefährte", S. 88), zwei Romankapitel erzählen aus seiner Perspektive. Al-Hafi war bis zur Erzählgegenwart ein einfacher muslimischer Bettelmönch („Derwisch"), Saladin macht ihn zum neuen Schatzmeister. Darüber hinaus ist er Saladins Cousin (zweiten Grades), ihre beiden Großväter waren Brüder (vgl. S. 88). Al-Hafi denkt gerne in Analogien zum Schachspiel (vgl. S. 86), das wird besonders deutlich, wenn er das Ringparabel-Gespräch zwischen Saladin und Nathan mit den Zügen auf einem Schachbrett vergleicht (vgl. S.156–164). Al-Hafis Selbstbild ist durch ein Denken in Machtsystemen geprägt, charakteristisch ist sein Satz: „Die Macht befiehlt, die Ohnmacht gehorcht, so ist die Welt eingerichtet" (S. 154).

Al-Hafi sieht sein Leben ebenfalls als Schachspiel: „Das Leben spielt Schach mit mir" (S. 90).

Gottesfürchtig

Ein weiterer Charakterzug ist seine Gottesfurcht, die auch an den immer wieder in seine Erzählung eingestreuten Zitaten aus dem Koran erkennbar wird. Er berichtet, wie er als junger Mann seine Heimatstadt verlassen hat, um in der Ferne sein Glück zu suchen, das er dann auch in einem äußerst bescheidenen Leben fand (vgl. S. 90 f.). An einem Morgen habe er den Ruf Gottes vernommen, der ihm befohlen habe, nach Jerusalem zu ziehen, wo er Schatzmeister Saladins, den er viele Jahre nicht mehr gesehen hatte, wurde (vgl. S. 91 f.).

Recha

Recha erzählt vier Kapitel des Romans, im Unterschied zu Lessings Drama wird ihr in Presslers Roman somit auch quantitativ eine größere Bedeutung gegeben. Der Name „Recha" lässt sich ableiten von hebr. „rakka" mit der Bedeutung „sanft". Recha wurde als Säugling von einem Klosterbruder an Nathan übergeben (vgl. S. 47) und von ihm wie eine geliebte leibliche Tochter und im jüdischen Glauben aufgezogen; dass er nicht ihr leiblicher

Inszenierung von Lessings *Nathan der Weise* am Hamburger Ernst Deutsch-Theater (2016).
© picture alliance / Christian Fürst

Vater und sie wahrscheinlich keine Jüdin ist, verschweigt er ihr. Im Alter von achtzehn Jahren wird sie von einem Tempelritter aus Nathans brennendem Haus gerettet; dies ist der Beginn des Romans. Erst nach dem Brand erfährt sie von Daja, dass sie nicht Nathans leibliche Tochter ist. Die Identität ihrer leiblichen Eltern bleibt bis zum Ende ungeklärt. Selbst Nathan kann ihr nichts sagen, wie er in ihrem letzten Gespräch erklärt: „Ich weiß nicht, warum deine Mutter wollte, dass du zu mir gebracht wirst. Vielleicht habe ich sie gekannt, vielleicht habe ich ihr einmal geholfen. Oder sie hatte nur von meinem Ruf als Wohltäter gehört. Sie war tot, das hatte der Klosterbruder gesagt. Er kannte ihren Namen nicht und ich kannte ihn auch nicht." (S. 245)

Rechas Herkunft bleibt ungeklärt

Zur Erinnerung: Am Ende des Lessing'schen Dramas *Nathan der Weise* stellt sich heraus: Recha und der Tempelritter sind

Geschwister und Nichte bzw. Neffe des Sultans. Ihr Vater ist Saladins Bruder Assad, ihre Mutter eine Stauffin. Vgl. dazu Kapitel 3.2 dieses Bandes (Abschnitt „Unterschiede zu Lessings Drama *Nathan der Weise*").

Recha und der Tempelritter sind bei Pressler nicht verwandt

Pressler verzichtet vollständig auf diese verwandtschaftliche Verbindung, damit wird die Rolle von Rechas Ziehvaters Nathan umso mehr betont, den sie gegenüber dem Tempelritter als ihren wahren Vater bezeichnet: „Ich hatte einen Vater. Kein Kind könnte sich einen liebevolleren und zärtlicheren Vater wünschen. Und glaube mir, die Liebe ist ein starkes Band, manchmal noch stärker als Blut" (S. 246). Pressler nimmt damit einen Gedanken auf, der auch schon bei Lessing zu finden ist: Im Drama wird es Recha von Saladin bestätigt, dass nicht die Blutsverwandtschaft allein die Vaterschaft begründet: „Jawohl: das Blut, das Blut allein / Macht lange noch den Vater nicht!" (*Nathan der Weise*, V. 3662 f.)

Abschied von der Kindheit

Recha gehört zusammen mit dem Tempelritter zu den lernfähigen Figuren: Die schwärmerisch-verliebte Haltung nach ihrer Rettung durch den Tempelritter weicht schnell einer vernunftgemäßen Beurteilung der Situation. Ihre Erfahrung mit dem ersten Verliebt-Sein lässt sich als genrespezifisch typisches Merkmal eines Adoleszenzromans betrachten. Recha spürt, dass dieses Gefühl sie mit einem Mal zu einer Erwachsenen gemacht hat; sie betrachtet sich im Spiegel und erkennt ihr kindliches Gesicht nicht mehr: „Das Bild, das mir entgegenblickte, war mir seltsam fremd, als hätte ich diese Frau noch nie gesehen. Ihre Züge schienen über Nacht die kindlichen Regungen verloren zu haben" (S. 112). Sie spürt den Abschied von der Kindheit und sucht durch den Besuch bei ihrer Freundin Lea intuitiv die Nähe zu anderen Frauen, die diesen Schritt bereits vollzogen haben. Bei ihr erinnert sie sich daran, wie sie sich bereits als Mädchen mit ihrer zukünftigen Rolle als Mutter auseinandergesetzt haben: „Als junge Mädchen hatten wir oft die Hähne befragt, wie viele Kinder wir bekommen würden. Kaum hörten wir irgendwo ein Krähen, rief eine von uns: ‚Ich!' Dann zählten wir laut mit, die oft der Hahn krähte, denn so viele Kinder würde die Freundin später einmal haben" (S. 117).

Ob es zu einer Verbindung mit dem Tempelritter kommt, ist nach dem Ende des Romans unklar. Rechas Gespräch mit dem Tempelritter nach dem Tod Nathans dreht sich um den Patriarchen und die gemeinsame Herkunft als elternlose Kinder, nicht um die gegenseitigen Gefühle füreinander.

Recha als Verkörperung der humanen Ideale Nathans

Recha verkörpert den Erfolg der Erziehung Nathans, sie demonstriert aufklärerischen Vernunftoptimismus sowie humanes und tolerantes Handeln und sie stellt das Bild der die Religionsgrenzen überschreitenden Menschheitsfamilie dar, in der nicht zwangsläufig biologische Verbindungen den Zusammenhalt garantieren. Mit diesen Eigenschaften tritt sie auch das ideelle Erbe ihres Vaters an. Ihre humanen Ideale verbindet sie schließlich mit dem genretypischen Motiv der Verliebtheit bzw. der Auseinandersetzung mit der eigenen Geschlechtlichkeit, wenn sie gegenüber al-Hafi die Vorstellung von ihrer eigenen Zukunft artikuliert: „Ich werde eines Tages einen Sohn haben. Ich werde ihn Nathan nennen, und ich werde ihn lehren, dass es nichts Größeres auf dieser Welt gibt als Liebe und Barmherzigkeit. Ich werde dafür sorgen, dass mein Vater in seinen Kindeskindern weiterlebt" (S. 243).

Daja

Christin und Deutsche

Drei Kapitel des Romans werden von Daja erzählt. Daja, Christin und Deutsche, wächst nach dem Tod der Eltern bei der Großmutter in Gunzenhausen (vgl. S. 25) auf, deren streng religiöse Erziehung sie abstößt (vgl. S. 27 f.). Sie schließt sich als junge Frau einer Kreuzfahrergruppe an, die im Dorf Lager macht, und folgt Gisbert, ihrem späteren Mann, ins Heilige Land. Ihr Bericht von der überaus anstrengenden Reise von Deutschland nach Jerusalem im Tross der Kreuzfahrer vermittelt einen realitätsnahen Eindruck der damaligen Lebenssituation. Kurz vor Jerusalem – 14 Jahre vor der Erzählgegenwart (vgl. S. 40) – fällt ihr Mann im Kampf, Daja selbst irrt orientierungslos durch Jerusalem und wird von Nathan angesprochen, der sie als Erzieherin Rechas verpflichtet, die damals „kaum vier Jahre alt" (S. 39) ist. Seither lebt sie in dessen Haus, sie lebt in dem Bewusstsein, dass sie Nathan ihre Existenz verdankt (vgl. S. 40). Zwischen Nathan und ihr hat sich darüber hinaus eine weitere Bindung entwickelt, sie bezeichnet sich selbst als „heimliche Gefährtin Nathans" (S. 167), die er „ab und zu in der Nacht zu sich" (S. 39) ruft; „mehr als nur Freundschaft" (S. 167) verbindet sie miteinander.

Ihre ethische Einstellung lässt sich durch die Distanz zur erlebten bigotten Frömmigkeit ihrer Großmutter und durch die Nähe zu Nathans humanitärem Konzept erklären: Achtung vor Gottes Geschöpfen zu haben ist für sie einer der höchsten religiösen Werte, gerade auch für einen Christen, wie sie es in ihrer Kritik am Tempelritter formuliert: „So spricht ein Christ? Hat unser Heiland selbst uns nicht gelehrt, die Menschen zu lieben und Achtung vor Gottes Geschöpfen zu haben? Gelten Hochmut und Selbstgerechtigkeit denn nicht als Sünde, wenn man in einem Schloss aufwächst? Was ist deine ganze Ritterlichkeit wert, wenn sie nur Hochgeborenen gilt?" (S. 103 f.)

Daja ermahnt den Tempelritter

Daja lebt somit einerseits die ethischen Prinzipien Nathans; auf der anderen Seite lässt sie sich aber auch von ihren Gefühlen zu unüberlegten Handlungen hinreißen, im Rückblick bezeichnet sie sich als „von einem bösen Geist besessen" (S. 167). Ihre Sehnsucht nach der deutschen Heimat bringt sie dazu, dem Tempelritter die wahren Abstammung Rechas anzudeuten in der Hoffnung, dass beide sie bei einer Hochzeit mit zurück nach Deutschland nehmen würden (vgl. S. 172). Daja weiß, dass sie Nathan mit diesen Worten verrät, ihr emotionaler Konflikt ist groß, und nach der Andeutung der christlichen Herkunft Rechas gegenüber dem Tempelritter bereut sie auch sofort ihre Worte: „Doch schon während ich, mit Tränen in den Augen, auf das Haus zulief, wusste ich, dass er [der Tempelritter] es nicht vergessen

Sehnsucht nach der deutschen Heimat

würde. Es war zu spät. Worte, die einmal ausgesprochen sind, lassen sich nicht mehr zurücknehmen" (S. 175).

Sittah

Sittah stammt wie Assad und Saladin von derselben Mutter, ihr Halbruder Melek wurde mit einer Nebenfrau gezeugt (vgl. S. 127), Sittah erklärt sich daraus den Umstand, dass sie sich mit Saladin so gut versteht. Nach dem Tod ihres Mannes zieht sie, eine schöne „Frau in der Blüte ihrer Jahre" (S. 221), wieder zu ihrem Bruder in den Palast und dient ihm als Ratgeberin und Trösterin (vgl. S. 126 und S. 134). Ihr Geliebter ist Machmud (vgl. S. 124 und S. 135). Auf ihre Initiative hin wird Nathan geholt, damit er Saladin Geld leiht; al-Hafi kommentiert ihren Befehl so: „Die Macht befiehlt, die Ohnmacht gehorcht. Ich war mir nicht sicher, ob es Sittahs stärkerer Wille war, der ihr mehr Macht verlieh, oder ob sie einfach nur ihre Position als Schwester des Sultans gegen mich ausspielte" (S. 154).

Ratgeberin Saladins

Ein Kapitel des Romans wird aus der Perspektive Sittahs erzählt; im Vergleich zur Figur der Sittah in Lessings Drama ist Presslers Sittah deutlich weniger scharf konturiert: Sie ist zwar nach wie vor als kluge und realistische Ratgeberin tätig, ihr noch in Lessings Drama sichtbarer Beitrag zur Aufklärung der Verwandtschaftsverhältnisse fehlt naturgemäß.

Geschem

Zwei Kapitel des Romans werden aus der Perspektive Geschems erzählt. Zu Beginn hat er noch keinen Namen, dieser wird ihm erst von Nathan gegeben (vgl. S. 22). Er kennt seine Eltern nicht, einen Brand hat er schwer verletzt und traumatisiert überlebt (vgl. S. 19 und 196). Elijahu brachte in zweieinhalb Jahre vor Beginn der Erzählung als krankes und halb verhungertes Waisenkind zu Nathan, wo er durch die Pflege von Elijahu und Zipora wieder zu Kräften kam und seither seiner Behinderung wegen Hilfstätigkeiten im Haus versieht (vgl. S 20). Er weiß nicht, ob er Jude

Jude oder Muslim?

oder Muslim ist; dies drückt sich in seinem Namen Geschem Ben Abraham bzw. Geschem Ibn Ibrahim aus. Als er zusammen mit Nathan und Elijahu nach Jericho fährt und dort mit Mussa, einen muslimischen Jungen, die Stadt erlebt („Ich lief neben ihm her, neben ihm, dem Muslim, durch ein muslimische Stadt, ich wusste gar nicht, ob es hier überhaupt Juden gab, und wieder zweifelte ich, wer ich war", S. 201), spürt er, dass er sich stärker als Jude fühlt.

Elijahu

Verwalter und Freund Nathans

Elijahu, aus dessen Perspektive zwei Kapitel des Romans erzählt werden, ist schon seit 18 Jahren als Verwalter in Nathans Haus beschäftigt (vgl. S. 41). Sie gehen zusammen auf Geschäftsreisen und sind privat miteinander befreundet. Elijahu war erst wenige Monate im Dienste Nathans, als dieser seine ganze Familie verlor (vgl. S. 45). Er schildert, wie Nathan auf diesen Verlust reagierte und wie dieser nach sieben Tagen einen Säugling, Recha, zur Pflege bekam. Elijahu selbst brachte zweieinhalb Jahre vor der Erzählgegenwart einen kranken Waisenjungen in Nathans Haus, dem Nathan den Namen Geschem (= „Regen", S. 22) gibt. Nathan möchte, dass sich Elijahu wie ein Vater um Geschem kümmert: „Er hat keinen Vater und du hast keinen Sohn" (S. 53). Elijahu fürchtet sich zunächst davor, Geschem bei dessen Identitätssuche zu unterstützen, schließlich willigt er aber ein (vgl. S. 53 f.).

Elijahu ist in die Köchin Zipora verliebt und möchte sie heiraten (vgl. S. 224 f.), er freut sich auf diese neue Lebensphase: „Ich dachte an Zipora, und mein Herz wurde warm bei der Vorstellung, mit ihr mein Leben und mein Bett zu teilen, denn zum ersten Mal ließ ich diese Vorstellung zu, die ich mir sonst immer verboten hatte. Ich würde mich nicht mehr heimlich in eines der Bordelle schleichen müssen" (S. 225).

Nach dem tödlichen Anschlag auf Nathan, der auch ihn schwer verletzt zurücklässt, gelingt es Elijahu noch, den Getöteten nach

Hause zu tragen (vgl. S. 229). Seine Treue zu Nathan geht somit über dessen Tod hinaus. Er ist es auch, der Recha mitteilt, dass Abu Hassan der Mörder Nathans sein muss (vgl. S. 239), auch wenn er keinen der Männer erkannt hat (vgl. S. 240). Er verspricht Recha, auch weiterhin in ihrem Haus zu bleiben (vgl. S. 241).

Abu Hassan

Militant-fundamentalistisch

Ein Kapitel des Romans wird aus seiner Perspektive erzählt. Er ist wie der Patriarch auf christlicher Seite der Prototyp des militant-fundamentalistischen Gotteskriegers auf muslimischer Seite. „Ehre" (S. 136 und öfter) ist eine zentrale Kategorie seines Wertesystems, der Kampf für den eigenen muslimischen Glauben geschieht zu Ehren Gottes und zu Ehren der Familie. Er ist ein mutiger Hauptmann, dem es gelungen war, die Tempelritter zu besiegen und als Gefangene nach Jerusalem zu bringen. Sein Verhältnis zu Saladin ist schwierig: Anfänglich war er sein Verehrer, sein Widerstand gegen ihn rührt nun aber aus der Überzeugung, dass der Sultan gegen den Koran verstoße, wenn er Frieden mit den Andersgläubigen sucht (vgl. S. 137 f.). Abu Hassan hat sich daher einer Widerstandsbewegung angeschlossen, die den Sultan entmachten und dessen Bruder Melek als Sultan inthronisieren will: „Ich setze auf Melek. Und vor allem bin ich gegen Saladin, der vergessen hat, dass Kampfbereitschaft und Mut die Ehre und der Stolz eines Mannes sind" (S. 143).

Umsturzpläne

Antisemit

Abu Hassan hält seinen Glauben für den wahren und verabscheut Angehörige anderer Religionsgemeinschaften: „Ich hasse Juden" (S. 137), „Ich (...) hasse die Juden ebenso wie die Christen" (S. 138). Vor allem aber ist er „ein übler Judenhasser" (S. 222): „Wenn es nach mir gegangen wäre, hätten wir alle Juden erschlagen" (S. 138). Dieser Umstand sowie der Widerstand gegen Saladin mögen die Ursachen dafür sein, dass er wohl einer der Männer ist, die Nathan und Elijahu auf dem Rückweg vom Palast überfallen. Elijahu beobachtet während des Besuchs bei Saladin, wie Abu Hassan unauffällig einen anderen Mann auf Nathan, der gerade das vom Sultan erhaltene Geld für den Verkauf der Stoffe einsteckt, hinweist; dieser „Krieger mit einen langen Schwert in einer silbernen Scheide" (S. 223) verschwindet daraufhin schnell durch die Türe. Abu Hassan ist somit mit großer Wahrscheinlichkeit Drahtzieher des Mordanschlags oder sogar einer der Mörder Nathans.

3.6 Stil und Sprache

Zusammenfassung

Im Gegensatz zum feierlichen Blankvers (5-hebiger, reimloser Jambus) von Lessings Drama sind Stil und Sprache des Romans umgangssprachlich geprägt. Alle Figuren weisen die gleiche Sprachkompetenz auf. Zahlreiche Zitate aus dem Koran und der Bibel werden verwendet. Der Schauplatz der Handlung, Jerusalem, wird durch Hinweise auf Geografie und Lebensformen Kleinasiens während der Zeit der Kreuzzüge lebendig gemacht.

Der Roman wird aus der jeweiligen Ich-Perspektive erzählt, die Leserinnen und Leser erhalten somit nur Kenntnis über das, was im Inneren der acht erzählenden Figuren vor sich geht und wie diese Figuren die Außenwelt subjektiv wahrnehmen. Eine neutrale Erzählperspektive ist nicht feststellbar, dies entspricht der Intention der Autorin, die die Charaktere „plastischer" und „lebendiger" (S. 250) gestalten wollte.

Verschiedene Blickwinkel

Die Darstellung des Geschehens ist durch den mehrfachen Perspektivenwechsel geprägt; auf diese Weise wird das Geschehen aus verschiedenen Blickwinkeln beleuchtet, es gibt – wie im modernen Roman üblich – keinen allwissenden Erzähler mehr, dies ist einerseits ein Zugeständnis an die moderne Überzeugung, dass die Welt nicht mehr „objektiv" begriffen werden kann, sondern jeweils von den Individuen subjektiv konstruiert wird; zum anderen ist die Erzählstruktur durch ihren Monologcharakter auch der Struktur in dramatischen Haupttexten (Dialogen) geschuldet; in Anlehnung an Lessings Drama sind die einzelnen Ich-Erzähler Schauspielern vergleichbar, die auf der Bühne stehen und dem Publikum ihre individuelle Wahrnehmung der Ereignisse erzählen.

Ausführliche Rückblenden

Die Erzählstruktur ist gekennzeichnet durch ausführliche Rückblenden, bei denen jeweils ein Ereignis, z. B. der Brand und die Rettung Rechas, aus mehreren Perspektiven erzählt wird: Geschem, Daja, Recha und der Tempelritter haben diesen Vorfall jeweils unterschiedlich wahrgenommen; in ihren Erzählungen spiegeln sich auch Merkmale ihres Charakters wider.

Umgangssprache

Im Gegensatz zum feierlichen Blankvers (5-hebiger, reimloser Jambus) von Lessings Drama sind Stil und Sprache des Romans umgangssprachlich geprägt. Alle Figuren weisen die gleiche Sprachkompetenz auf. Dennoch finden sich auch poetische Wendungen, vor allem durch die montierten Stellen aus der Bibel und dem Koran, die neben einer ausmalenden auch eine kommentierende Funktion haben, z. B. an der Stelle, wo die Trauernden die Mörder Nathans verfluchen und dabei auf die Versicherung des Alten Testaments zurückgreifen: „Die Rache ist mein, ich will vergelten zur Zeit, da ihr Fuß gleitet" (S. 233), oder aber an der Stelle, als die verliebte Recha in den Spiegel blickt, meint, das Gesicht des Tempelritters neben ihrem zu sehen und auf dieses Bild mit einem Zitat aus dem Hohelied der Liebe reagiert: „Seine Locken sind kraus, schwarz wie ein Rabe. Seine Wangen sind wie Balsambeete, in denen Gewürzkräuter wachsen. Seine Lippen sind wie Lilien, die von fließender Myrrhe triefen. Sein Mund ist süß und alles an ihm ist lieblich. So ist mein Freund; ja, mein Freund ist so, ihr Töchter Jerusalems!" (S. 113)

Rechas Traum – vgl. Lernskizze 4

Der Traum Rechas (vgl. S. 109 f.) oder die Ringparabel Nathans (vgl. S. 160–163) sind Beispiele für die zahlreich auftauchenden Formen metaphorischer oder parabolischer Redeweisen. Neben den Zitaten aus dem Koran und der Bibel werden intertextuelle Anspielungen (Bezug auf andere Texte) verwendet, auffällig ist z. B. auf S. 166 die Anspielung auf die „I have a dream"-Rede Martin Luther Kings aus dem Jahre 1963 (vgl. Redeauszüge im Materialienteil).

Der Schauplatz der Handlung, Jerusalem, wird durch Hinweise auf Geografie und Lebensformen Kleinasiens während der Zeit der Kreuzzüge lebendig gemacht: Besonders hohe Anteile an schildernden Erzählungen finden sich beispielsweise in Dajas

Beschreibungen des Kreuzzuges nach Jerusalem (vgl. S. 29–36) und des Jerusalemer Markts (vgl. S. 168–170), in Sittahs und Abu Hassans Darstellungen der Kämpfe mit den Kreuzrittern (vgl. S. 129–135 und S. 136–143).

3.7 Interpretationsansätze

Zusammenfassung

Zwei Interpretationsansätze (vgl. Lernskizze 3) bieten sich an:
Nathan und seine Kinder ist

- ein Werk, das die Vorlage Lessings aktualisiert und die aufklärerischen Ideale „Toleranz“ und „Humanität“ für die multireligiöse Gesellschaft des 21. Jahrhunderts fordert;
- ein Werk, das im weiten Sinne als Adoleszenzroman zu verstehen ist, da es in ihm um die Identitätsfindung von Jugendlichen geht.

Nathan und seine Kinder als Aktualisierung der aufklärerischen Ideale „Toleranz“ und „Humanität“

Liest man den Roman unter diesem Blickwinkel, so erscheinen die Lessing'schen Ideale aus dem 18. Jahrhundert für die multireligiöse Gesellschaft des 21. Jahrhunderts nach wie vor aktuell. Religiös begründete Verfolgung ist nach wie vor ein schwerwiegendes politisches Problem, seit den Anschlägen des 9. September 2001 machen militante fundamentalistische Bewegungen außenpolitisch wie innenpolitisch immer wieder von sich reden, das Argument der „Beleidigung“ der eigenen Religion wird gerne dazu benutzt, zum Teil militante Intoleranz gegenüber Andersdenkenden zu legitimieren.

Nathans humane Grundhaltung äußert sich im Roman an zahlreichen Stellen, eine Auswahl dieser Stellen ist im Folgenden aufgeführt:

- Nathan zu Elijahu: „Jeder braucht einen Platz in der Welt, einen Ort, an den er gehört, und Menschen, in deren Mitte er Geborgenheit findet. Niemand kann in den Räumen dazwischen leben, da muss er abstürzen. (…) Schließlich sind wir alle Abrahams Kinder“ (S. 53 f.).

- Nathan zu Elijahu: „Gott ist unerreichbar, und wir können ihm nur dadurch nahe sein, dass wir seine Geschöpfe lieben. Das ist es, was er von uns fordert, und das ist es, was unserem Leben Sinn und Bedeutung gibt" (S. 54).
- Nathan zum Tempelritter: „Denn für Gott ist jedes einzelne Leben wertvoll, seine Liebe gilt allen Menschen, und für den, der Himmel und Erde erschaffen hat, sind wir Brüder, egal in welchem Haus wir leben, ob in einem jüdischen, einem christlichen oder muslimischen, ob in einer Hütte oder einem Palast" (S. 105).
- Recha über Nathan: „Mein Vater sagt, es sind nur die Wege, ihm [Gott] zu dienen, welche die Religionen unterscheiden, der Kern ist gleich: die Liebe zu Gott und den Menschen. Und die Dankbarkeit für das Leben" (S. 216).
- Al-Hafi über Nathan: „Das ist wahrlich ein großer Mensch, der Verzweiflung und Rachsucht überwindet und sie in Liebe zu den Menschen verwandelt" (S. 242).

Humane Visionen der Gegenwart

Nathan ist sich aber auch darüber im Klaren, dass die Verwirklichung seiner humanen Einstellung an der Realität scheitert. Pressler schafft mit dem intertextuellen Bezug auf die berühmte „I have a dream"-Rede Martin Luther Kings, die er anlässlich des „Marsches auf Washington für Arbeit und Freiheit" am 28. August 1963 vor mehr als 250.000 Menschen hielt, einen direkten Bezug auf humane Visionen der Gegenwart; die Roman-Passage ist im Folgenden den entsprechenden Auszügen aus Kings Rede gegenübergestellt – die Rede Kings findet sich in Auszügen im Kapitel 5.6:

Rede Martin Luther Kings

Martin Luther King	Nathan
„Ich habe einen Traum, dass eines Tages diese Nation sich erheben wird und der wahren Bedeutung ihres Credos gemäß leben wird: ‚Wir halten diese Wahrheit für selbstverständlich: dass alle Menschen gleich erschaffen sind.'	„Ich habe einen Traum, dass sich eines Tages die Menschheit erheben und die wahre Bedeutung ihres Glaubensbekenntnisses ausleben wird.
Ich habe einen Traum, dass eines Tages auf den roten Hügeln von Georgia die Söhne früherer Sklaven und die Söhne früherer Sklavenhalter miteinander am Tisch der Brüderlichkeit sitzen können.	Ich habe einen Traum, dass eines Tages die Söhne von Juden, Muslimen und Christen miteinander am Tisch der Brüderlichkeit sitzen können.
Ich habe einen Traum, dass sich eines Tages selbst der Staat Mississippi, ein Staat, der in der Hitze der Ungerechtigkeit und Unterdrückung verschmachtet, in eine Oase der Gerechtigkeit verwandelt."[9]	Ich habe einen Traum, dass sich selbst diese Stadt eines Tages in eine Oase der Freiheit und der Gerechtigkeit verwandeln wird" (S. 166).

Die Visionen beider Männer bleiben utopisch, weil die machtpolitisch begründeten Widerstände gegen ihre Realisierung nicht aufhören; dennoch erwächst aus der humanen Vision die Kraft, sich immer wieder von Neuem dafür einzusetzen, dass sich die Prinzipien von Mitmenschlichkeit und Nächstenliebe, und damit zusammenhängend die Prinzipien „Freiheit" und „Gerechtigkeit", immer weiter durchsetzen. Diese Fokussierung auf die „Kinder", die das Erbe der humanen Ideale antreten, verbindet den amerikanischen Bürgerrechtler mit dem jüdischen Aufklärer.

Bundespräsident Gauck

Auch der deutsche Bundespräsident Joachim Gauck hat in seiner Antrittsrede am 23. 3. 2012[10] genau auf die Verpflich-

9 King 1989, S. 124. Die gesamte Rede findet sich unter http://www.king-zentrum.de/mlkz/reden/i-have-a-dream-engl (Stand: März 2023).

10 Auszüge der Rede finden sich im Kapitel 5.10, die gesamte Rede unter http://www.bundespraesident.de/SharedDocs/Reden/DE/Joachim-Gauck/Reden/2012/03/120323-Vereidigung-des-Bundespraesidenten.html (Stand: März 2023).

Martin Luther King während seiner Rede „I have a dream", Washington, 28. 8. 1963 © picture alliance / ASSOCIATED PRESS | Uncredited

tung der gegenwärtigen Generation hingewiesen, Visionen einer gerechteren, friedlicheren Welt nicht aufzugeben, sondern hochzuhalten und zu realisieren – in Hinblick auf die Verantwortung für die Kinder:

„Wie soll es nun also aussehen, dieses Land, zu dem unsere Kinder und Enkel ‚unser Land' sagen? Es soll ‚unser Land' sein, weil ‚unser Land' soziale Gerechtigkeit, Teilhabe und Aufstiegschancen verbindet. (...)

Wir dürfen nicht dulden, dass Kinder ihre Talente nicht entfalten können, weil keine Chancengleichheit existiert. Wir dürfen nicht dulden, dass Menschen den Eindruck haben, Leistung lohne sich für sie nicht mehr und der Aufstieg sei ihnen selbst dann verwehrt, wenn sie sich nach Kräften bemühen. Wir dürfen nicht dulden, dass Menschen den Eindruck haben, sie seien nicht Teil unserer Gesellschaft, weil sie arm oder alt oder behindert sind.
Freiheit ist eine notwendige Bedingung von Gerechtigkeit. Denn was Gerechtigkeit – auch soziale Gerechtigkeit – bedeutet und was wir tun müssen, um ihr näherzukommen, lässt sich nicht paternalistisch anordnen, sondern nur in intensiver demokratischer Diskussion und Debatte klären. Umgekehrt ist das Bemühen um Gerechtigkeit unerlässlich für die Bewahrung der Freiheit. (…)
‚Unser Land' muss also ein Land sein, das beides verbindet: Freiheit als Bedingung für Gerechtigkeit – und Gerechtigkeit als Bedingung dafür, Freiheit und Selbstverwirklichung erlebbar zu machen.

Volltext der Rede

In ‚unserem Land' sollen auch alle zu Hause sein können, die hier leben. Wir leben inzwischen in einem Staat, in dem neben die ganz selbstverständliche deutschsprachige und christliche Tradition Religionen wie der Islam getreten sind, auch andere Sprachen, andere Traditionen und Kulturen, in einem Staat, der sich immer weniger durch nationale Zugehörigkeit seiner Bürger definieren lässt, sondern durch ihre Zugehörigkeit zu einer politischen und ethischen Wertegemeinschaft (…)."[11]

Nathans Ideale leben weiter in seinen „Kindern"

Nathans Ideale leben in seinen „Kindern" fort – Recha tritt explizit in seine Fußstapfen, sein Traum von Toleranz und Humanität über die Religionsgrenzen hinweg überdauert seinen Tod. *Na-*

11 http://www.bundespraesident.de/SharedDocs/Reden/DE/Joachim-Gauck/Reden/2012/03/120323-Vereidigung-des-Bundespraesidenten.html (Stand: März 2023).

than und seine Kinder erweist sich gerade vor dem Hintergrund der Gauck-Rede, in der es um die Verantwortung vor den Kindern geht, als hochaktuell. Lessing hat diese Utopie in seiner Schrift *Die Erziehung des Menschengeschlechts* schon vor fast 300 Jahren in der Erwartung formuliert, dass es dem Menschen immer besser gelingen werde, das von Kant formulierte aufklärerische Verstandesideal[12] dazu zu nutzen, human zu handeln:

„Nein; sie wird kommen, sie wird gewiß kommen, die Zeit der Vollendung, da der Mensch, je überzeugter sein Verstand einer immer bessern Zukunft sich fühlet, von dieser Zukunft gleichwohl Bewegungsgründe zu seinen Handlungen zu erborgen, nicht nötig haben wird; da er das Gute tun wird, weil es das Gute ist, nicht weil willkürliche Belohnungen darauf gesetzt sind, die seinen flatterhaften Blick ehedem bloß heften und stärken sollten, die inneren bessern Belohnungen desselben zu erkennen."[13]

Nathan und seine Kinder als Adoleszenzroman

Vgl. auch Lernskizze 3

Der Roman lässt sich, wie schon in 3.4 im Hinblick auf die Recha-Handlung festgestellt wurde, als ein typischer Adoleszenzroman sehen, in dem es um die Identitätsfindung von Jugendlichen geht. Als Adoleszenzliteratur gelten gemeinhin „Texte, in denen die physiologischen, psychologischen und soziologischen Aspekte des Heranwachsens, zumeist zwischen dem 12. und 18. Lebensjahr, thematisiert werden".[14] Zentrale Motive sind die Auseinandersetzung mit der eigenen Sexualität, mit der Familie, dem Freundeskreis und der Gesellschaft. Die Adoleszenz ist definitionsgemäß mit der Identitätsfindung abgeschlossen, die vor allem im traditionellen Roman mit der Übernahme vorgegebener Rollenmuster einhergeht. Nach 1945 wurde aber mit J. D. Salingers *The Catcher in the Rye* eine moderne Adoleszenzliteratur

Auseinandersetzung mit Sexualität und Familie

12 Vgl. Kapitel 5.4.

13 Lessing: *Die Erziehung des Menschengeschlechts*, in: Projekt Gutenberg, https://www.projekt-gutenberg.org/lessing/erziehng/erziehng.html (Stand: März 2023).

14 Kolk 2007, S. 5.

etabliert, die vehement gegen die unhinterfragten Rollenzuweisungen und standardisierte Lebensläufe protestiert, und die auch am Beispiel weiblicher Protagonistinnen diesen radikalen Protest demonstriert. Gleichzeitig findet sich im modernen Adoleszenzroman die „Entdramatisierung des Generationenkonflikts, die Normalisierung der Spannung zwischen individuellem Anspruch und sozialen Realitäten und eine Vielfalt von Subjektkonzeptionen".[15]

Rechas Identitätsfindung im Zentrum

Recha wird mit zwei typischen Motiven der Adoleszenzliteratur konfrontiert: Das erste Verliebtsein ebnet den Weg zur Vorbereitung erster Erfahrungen mit Sexualität, und die Offenbarung, dass Nathan nicht ihr leiblicher Vater ist, führt sie in eine Auseinandersetzung mit ihrer eigenen Herkunft und damit zunächst in den für das Genre typischen Konflikt mit der Familie. Das Motiv der Sexualität wird im Roman nicht weitergeführt, es wird am Ende überdeckt von dem Motiv „Konflikt mit der Familie", der insofern positiv gelöst wird, als Recha die von Nathan vorgelebten Ideale als maßgeblich für ihre eigene Identitätsbestimmung akzeptiert. Durch den Tod Nathans wird Recha in die Lage versetzt, auch äußerlich Abschied von ihrer Kindheit zu nehmen, da sie für die Leitung des Hauses vorgesehen ist.

Rechas „Reisen"

Ein Merkmal des Genres ist die Initiation (durch bestimmte Bräuche geregelte Einführung in die Welt der Erwachsenen), die als explizites Ritual (z. B. eine Mutprobe oder gesellschaftlich vorgesehenen Rituale wie Hochzeit) auftreten kann oder als „Reise" symbolisch dargestellt wird. Recha durchläuft zwei „Reise"-Erfahrungen: Auf ihrer ersten „Reise" durch Jerusalem (vgl. S. 60–66) nimmt sie die Umgebung mit neuer Aufmerksamkeit wahr: „Mir war, als sähe ich heute alles zum ersten Mal, als wären meine Augen bis zu dem schrecklichen Brand mit Blindheit geschlagen gewesen" (S. 61). Sie ist voller Lebensfreude, weil sie vom sicheren Tod errettet worden war: „Eine überströmende Freude stieg in mir auf, Freude darüber, dass ich das alles noch

15 Ebd., S. 6.

sehen, hören, riechen und fühlen konnte" (S. 62). In völlig anderer Stimmung ist sie bei ihrer zweiten „Reise" durch Jerusalem (vgl. S. 208–214): Sie hat gerade erfahren, dass Nathan nicht ihr leiblicher Vater ist, und ist dementsprechend aufgewühlt: „Alles kam mir sinnlos vor. Mein Vater war nicht mein Vater. Warum hat er es mir nie gesagt? Warum hatte er mich im Glauben belassen, ich sei seine Tochter?" (S. 209). Erst als sie am Ende ihrer Reise auf Geschem trifft, kann sie sich beruhigen und eine Antwort auf ihre Frage finden, die Geschem in Bezug auf sein eigenes Schicksal formuliert: „Ein Mensch, der nirgendwo dazugehört, ist wie ein abgerissenes Blatt im Wind" (S. 215). Im Hinblick auf Rechas Herkunft meint er zu ihr: „Du hast Glück gehabt, du hast immer in diesem Haus gelebt. Du hast ja keine Ahnung, wie schlimm das Leben sein kann, die Not, das Elend, der Hunger" (S. 217). Diese Worte helfen Recha, Nathans Handlung schätzen zu lernen. In ihrem letzten Gespräch mit Nathan kann sie es akzeptieren, dass die Verbindung zwischen Nathan und ihr durch Liebe geprägt ist, die es ihr erlaubt, auch weiterhin „Vater" zu ihm zu sagen: „‚Al-Hafi', sagte ich, ‚ich werde eines Tages einen Sohn haben. Ich werde ihn Nathan nennen, und ich werde ihn lehren, dass es nichts Größeres auf dieser Welt gibt als Liebe und Barmherzigkeit. Ich werde dafür sorgen, dass mein Vater in seinen Kindeskindern weiterlebt'" (S. 243).

Todesmotiv

Das Todesmotiv steht genretypisch symbolisch für das Sterben der alten Identität: Genauso wie sich der Tempelritter nach seiner Begnadigung in einem Prozess der Neudefinition seiner Identität wiederfindet, so wird auch Recha durch den Hausbrand gewissermaßen auf den Weg geschickt, ihre Identität zu finden; der Tod Nathans schließlich zwingt sie dazu, sich in ihrer neuen Identität auch nach außen hin zu beweisen, zu zeigen, dass sie tatsächlich erwachsen ist und Verantwortung übernehmen kann.

Die Adoleszenz ist ein wichtiges Motiv im Werk von Mirjam Pressler: „Die Spannung der Geschichten erwächst aus der Auseinandersetzung ihrer Figuren mit wichtigen Fragen der Sinngebung ihres Lebens"[16]. Diese Phase wird dabei nicht nur als leidvoll betrachtet, sondern auch positiv mit allen ihren Chancen und positiven Erfahrungsmöglichkeiten: „In all ihren Büchern stehen nicht nur leidvolle Erfahrungen in Zentrum, sondern auch das Thema Glück – als abwesendes, ersehntes und gelingendes"[17]. Auch Recha im Roman *Nathan und seine Kinder* schafft es, aus den leidvollen Erfahrungen ihrer Adoleszenz zu einer stabilen, positiv in die Zukunft blickenden und gelingenden Identität im Lichte der Ideale ihres „Vaters" zu finden.

---

16 Payrhuber; Richter 2009, S. 37.
17 Ebd., S. 38.

REZEPTIONSGESCHICHTE 4

Zusammenfassung

Presslers Roman erlebte bereits in seinem Erscheinungsjahr 2009 eine überaus erfolgreiche Aufnahme. Es erhielt zahlreiche Preise und wird inzwischen auch als Schullektüre eingesetzt.

Das Buch erfuhr eine überaus erfolgreiche Aufnahme: *Die Frankfurter Rundschau* lobt es als „ein hochaktuelles, spannendes Buch über Toleranz und die Koexistenz der drei Religionen, die ja bis heute nicht gelingt"[18], die *Süddeutsche Zeitung* sieht in *Nathan und seine Kinder* einen „Auftrag und Hoffnung für die Zukunft"[19]. Bereits in seinem Erscheinungsjahr 2009 schaffte es das Buch auf die Kinder- & Jugendbuchliste des Saarländischen Rundfunks und Radio Bremens, der Deutschlandfunk kürte es im März 2009 als eines der 7 besten Bücher für junge Leser. Im gleichen Jahr erhielt es den Kinder- und Jugendbuchpreis „Luchs" des Monats Februar, der von der renommierten Wochenzeitung *Die Zeit* und Radio Bremen verliehen wird, sowie den internationalen Buchpreis „Corine" vom Börsenverein des Deutschen Buchhandels. Im Jahre 2010 wurde es für den Katholischen Kinder- und Jugendbuchpreis und für den Deutschen Jugendliteraturpreis 2010 nominiert, es kam außerdem auf die Shortlist des Jugendbuchpreises „Goldene Leslie". Die Tatsache, dass Presslers Roman bereits als Pflichtlektüre für die Realschulabschlussprüfung 2013 in Baden-Württemberg festgelegt wurde (und erneut für die Abschlussprüfung 2023, diesmal als alternative Pflichtlektüre), zeigt, dass der pädagogische Wert des Buches weithin anerkannt wird und dass es als ein Werk einer zeitgenössischen Kinder-

„Luchs", „Corine" und „Goldene Leslie"

18 Zitiert nach: https://www.beltz.de/kinderbuch_jugendbuch/produkte/details/7505-nathan-und-seine-kinder.html (Stand: März 2023).

19 Zitiert nach Stemmer-Rathenberg 2011, S. 11.

Interview mit Pressler

und Jugendbuchautorin verstanden wird, das auf das wichtige gesellschaftliche Problem des Zusammenlebens verschiedener Kulturen eine Antwort formulieren hilft.

MATERIALIEN 5

5.1 Giovanni Boccaccio: Aus dem *Decamerone*

„Als Neiphile schwieg und ihre Geschichte von allen gelobt worden war, fing Philomele, nach dem Wunsche der Königin, also zu reden an:

Philomele erzählt eine Geschichte

Die Erzählung der Neiphile erinnert mich an die gefährliche Lage, in der sich einst ein Jude befand; und, da von Gott und von der Wahrheit unsers Glaubens bereits in angemessener Weise gesprochen ist, es mithin nicht unziemlich erscheinen kann, wenn wir uns nun zu den Schicksalen und Handlungen der Menschen herablassen, so will ich euch jene Geschichte erzählen, die vielleicht eure Vorsicht vermehren wird, wenn ihr auf vorgelegte Fragen zu antworten habt. Ihr müßt nämlich wissen, liebreiche Freundinnen, daß, wie die Thorheit gar manchen aus seiner glücklichen Lage reißt und ihn in tiefes Elend stürzt, so den Weisen seine Klugheit aus großer Gefahr errettet und ihm vollkommene Ruhe und Sicherheit gewährt. Daß in der That der Unverstand oft vom Glücke zum Elend führt, das zeigen viele Beispiele, die wir gegenwärtig nicht zu erzählen gesonnen sind, weil deren täglich unter unsern Augen sich zutragen. Wie aber die Klugheit helfen kann, will ich versprochenermaßen in folgender kurzen Geschichte euch zeigen.

Lebensrettende Klugheit

Sultan Saladins Geldnot

Saladin, dessen Tapferkeit so groß war, daß sie ihn nicht nur von einem geringen Manne zum Sultan von Babylon erhob, sondern ihm auch vielfache Siege über sarazenische und christliche Fürsten gewährte, hatte in zahlreichen Kriegen und in großartigem Aufwand seinen ganzen Schatz geleert, und wußte nun, wo neue und unerwartete Bedürfnisse wieder eine große Geldsumme erheischten, nicht, wo er sie so schnell, als er ihrer bedurfte, auftreiben sollte. Da erinnerte er sich eines reichen Juden, Namens Melchisedech, der in Alexandrien auf Wucher lieh und nach Saladins Dafürhalten wol im Stande gewesen wäre, ihm zu dienen, aber so geizig war, daß er von freien Stücken es nie gethan haben würde. Gewalt wollte Saladin nicht brauchen; aber das Bedürfniß war dringend, und es stand bei ihm fest, auf eine oder die andere Art solle der Jude ihm helfen. So sann er denn nur auf einen Vorwand, unter einigem Schein von Recht ihn zwingen zu können.

Der reiche Jude Melchisedech

Endlich ließ er ihn rufen, empfing ihn auf das freundlichste, hieß ihn neben sich sitzen und sprach alsdann: ‚Mein Freund, ich habe schon von vielen gehört, du seiest weise und habest besonders in göttlichen Dingen tiefe Einsicht; nun erführe ich gern von dir, welches unter den drei Gesetzen du für das wahre hältst, das jüdische, das sarazenische oder das christliche.' Der Jude war in der That ein weiser Mann und erkannte wohl, daß Saladin ihm solcherlei Fragen nur vorlegte, um ihn in seinen Worten zu fangen; auch sah er, daß, welches von diesen Gesetzen er vor den andern loben möchte, Saladin immer seinen Zweck erreichte. So bot er denn schnell seinen ganzen Scharfsinn auf, um eine unverfängliche Antwort, wie sie ihm noth that, zu finden, und sagte dann, als ihm plötzlich eingefallen war, wie er sprechen sollte:

Eine fatale Entscheidungsfrage

Das Problem einer unverfänglichen Antwort

‚Mein Gebieter, die Frage, die Ihr mir vorlegt, ist schön und tiefsinnig; soll ich aber meine Meinung darauf sagen, so muß ich Euch eine kleine Geschichte erzählen, die Ihr sogleich vernehmen sollt. Ich erinnere mich, oftmals gehört zu haben, daß vor Zeiten ein reicher und vornehmer Mann lebte, der vor allen andern auserlesenen Juwelen, die er in seinem Schatze verwahrte, einen wunderschönen und kostbaren Ring werth hielt. Um diesen seinem Werthe und seiner Schönheit nach zu ehren und ihn auf immer in dem Besitze seiner Nachkommen zu erhalten, ordnete er an, daß derjenige unter seinen Söhnen,

Melchisedechs Erzählung von den drei Ringen

der den Ring, als vom Vater ihm übergeben, würde vorzeigen können, für seinen Erben gelten und von allen den andern als der vornehmste geehrt werden solle. Der erste Empfänger des Ringes traf unter seinen Kindern ähnliche Verfügung und verfuhr dabei wie sein Vorfahre. Kurz der Ring ging von Hand zu Hand auf viele Nachkommen über. Endlich aber kam er in den Besitz eines Mannes, der drei Söhne hatte, die sämtlich schön, tugendhaft und ihrem Vater unbedingt gehorsam, daher auch gleich zärtlich von ihm geliebt waren. Die Jünglinge kannten das Herkommen in Betreff des Ringes, und da ein jeder der Geehrteste unter den Seinigen zu werden wünschte, baten alle drei einzeln den Vater, der schon alt war, auf das inständigste um das Geschenk des Ringes. Der gute Mann liebte sie alle gleichmäßig und wußte selber keine Wahl unter ihnen zu treffen; so versprach er denn den Ring einem jeden und dachte auf ein Mittel, alle zu befriedigen. Zu dem Ende ließ er heimlich von einem geschickten Meister zwei andere Ringe verfertigen, die dem ersten so ähnlich waren, daß er selbst, der doch den Auftrag gegeben, den rechten kaum zu erkennen wußte. Als er auf dem Todbette lag, gab er heimlich jedem der Söhne einen von den Ringen. Nach des Vaters Tode nahm ein jeder Erbschaft und Vorrang für sich in Anspruch, und da einer dem andern das Recht dazu bestritt, zeigte der eine wie die andern, um die Forderung zu begründen, den Ring, den er erhalten hatte, vor. Da sich nun ergab, daß die Ringe einander so ähnlich waren, daß niemand, welcher der echte sei, erkennen konnte, blieb die Frage, welcher von ihnen des Vaters wahrer Erbe sei, unentschieden, und bleibt es noch heute. So sage ich Euch denn, mein Gebieter, auch von den drei Gesetzen, die Gott der Vater den drei Völkern gegeben, und über die Ihr mich befraget. Jedes der Völker glaubt seine Erbschaft, sein wahres Gesetz und seine Gebote zu haben, damit es sie befolge. Wer es aber wirklich hat, darüber ist, wie über die Ringe, die Frage noch unentschieden.'

Der Erfolg der Erzählung

Als Saladin erkannte, wie geschickt der Jude den Schlingen entgangen sei, die er ihm in den Weg gelegt hatte, entschloß er sich, ihm geradezu sein Bedürfniß zu gestehen. Dabei verschwieg er ihm nicht, was er zu thun gedacht habe, wenn jener ihm nicht mit so viel Geistesgegenwart geantwortet hätte. Der Jude diente Saladin mit allem, was dieser von ihm verlangte, und Saladin erstattete jenem nicht nur das Darlehn vollkommen, sondern überhäufte ihn noch mit Geschenken, gab ihm Ehre und Ansehen unter denen, die ihm am nächsten standen, und behandelte ihn immerdar als seinen Freund."[20]

5.2 Definition der Parabel

Abgrenzung gegen Fabel und Gleichnis

„**Parabel** (griech. *parabole* = Vergleichung, Gleichnis), lehrhafte Erzählung, die e. allg. sittl. Wahrheit oder Erkenntnis durch e. analogen Vergleich, also Analogieschluss, aus e. anderen Vorstellungsbereich erhellt, der nicht ein in allen Einzelheiten unmittelbar übereinstimmendes Beispiel gibt wie die Fabel, sondern nur in einem Vergleichspunkt mit dem Objekt übereinstimmt, und die im Ggs. zum allgemeingültigen Regelfall im Gleichnis keine direkte Verknüpfung (so: wie) mit dem zu erläuternden Objekt enthält, wenngleich sie das Beziehungsfeld erkennen lässt, sondern vom Gegenstand abgelöst zur selbstständigen Erzählung e. prägnanten Einzelfalls in bildhafter Anschaulichkeit wird. Besonders in buddhist. und hebr. Lit. häufig; am berühmtesten die P.n des *NT*. (Verlorener Sohn) und die des Menenius Agrippa (Livius II, 33), die das Verhältnis von Senatoren und Bürgern im Staat durch die P. vom Magen und den Gliedern erläutert; dt. P.n. von Lessing, Herder, Goethe, Rückert und Krummacher. Vgl. auch Lessings P. von den

20 Boccaccio 1859, S. 49–53. Zitiert in historischer Schreibweise.

3 Ringen (*Nathan* III, 7) nach Boccaccio und Schillers P. im *Fiesko* II, 8."[21]

5.3 Definition „Adoleszenzroman"

„**Adoleszenzliteratur**, [lat. *adulescentia* = Jugend], Texte, in denen die physiologischen, psychologischen und soziologischen Aspekte des Heranwachsens, zumeist zwischen dem 12. und 18. Lebensjahr, thematisiert werden. Bereits im 18. Jh. treten mit Goethes ,Die Leiden des jungen Werther', einzelnen Dramen des Sturm und Drang und Moritz' ,Anton Reiser' Texte auf, in denen die Konsequenzen der Auflösung ständischer Vergesellschaftung und die Folgen für individualisierte Lebensläufe beschrieben werden: Generationskonflikte und Jungsein als selbstgestaltete Lebensphase mit Risiken wie Entwicklungspotentialen zugleich; Autobiographie und Bildungsroman greifen verwandte Probleme sozialen Wandels und kultureller Neudefinition von Lebensphasen auf. Eine deutliche Umakzentuierung bringt die A. um 1900 mit Texten wie F. Wedekinds ,Frühlings Erwachen', H. Hesses ,Unterm Rad' und R. Musils ,Die Verwirrungen des Zöglings Törleß'. Die zumeist männlichen Protagonisten scheitern an den Anforderungen ihrer Erzieher, Jugend erscheint als Stadium fragiler Identität und einer von Elternhaus und Schule nur unzureichend berücksichtigten Krise; allenfalls die Freundschaft mit Gleichaltrigen bietet ein Refugium. Nach 1945 wird mit J. D. Salingers ,The Catcher in the Rye' eine A. etabliert, die gegen unbefragte Rollenzuweisungen und standardisierte Lebensläufe protestiert. Die moderne A., die vielfach der Jugendlit. (Kinder- und Jugendlit.) zugerechnet werden kann, kennt – auch am Beispiel weiblicher Protagonistinnen – radikalen Protest und ,Ausstieg' (Plenzdorf ,Die neuen Leiden des jungen W.') ebenso wie die Entdramatisierung des

---

21 von Wilpert 1989, S. 655.

Generationenkonflikts, die Normalisierung der Spannung zwischen individuellem Anspruch und sozialen Realitäten und eine Vielfalt von Subjektkonzeptionen. Jungsein wird als generationsübergreifender gesellschaftlicher Imperativ gezeigt, Sinnperspektiven und zielgerichtete Lebensplanung erweisen sich als Ausnahmen (Z. Jenny: ‚Das Blütenstaubzimmer')."[22]

5.4 Immanuel Kant: *Was ist Aufklärung?*

Aktives Abschütteln der Unmündigkeit

„Aufklärung ist der Ausgang des Menschen aus seiner selbstverschuldeten Unmündigkeit. Unmündigkeit ist das Unvermögen, sich seines Verstandes ohne Leitung eines anderen zu bedienen. Selbstverschuldet ist diese Unmündigkeit, wenn die Ursache derselben nicht am Mangel des Verstandes, sondern der Entschließung und des Mutes liegt, sich seiner ohne Leitung eines andern zu bedienen. Sapere aude! Habe Mut, dich deines eigenen Verstandes zu bedienen! ist also der Wahlspruch der Aufklärung.

Unmündigkeit aus Faulheit und Feigheit

Faulheit und Feigheit sind die Ursachen, warum ein so großer Teil der Menschen, nachdem sie die Natur längst von fremder Leitung freigesprochen (naturaliter maiorennes), dennoch gerne zeitlebens unmündig bleiben; und warum es anderen so leicht wird, sich zu deren Vormündern aufzuwerfen. Es ist so bequem, unmündig zu sein. Habe ich ein Buch, das für mich Verstand hat, einen Seelsorger, der für mich Gewissen hat, einen Arzt, der für mich die Diät beurteilt usw., so brauche ich mich ja nicht selbst zu bemühen. Ich habe nicht nötig zu denken, wenn ich nur bezahlen kann; andere werden das verdrießliche Geschäft schon für mich übernehmen. Dass der bei weitem größte Teil der Menschen (darunter das ganze schöne Geschlecht) den Schritt zur Mündigkeit, außer dem, dass er

Anstrengung des selbstständigen Denkens

22 Kolk 2007, S. 5 f.

beschwerlich ist, auch für sehr gefährlich halte, dafür sorgen schon jene Vormünder, die die Oberaufsicht über sie gütigst auf sich genommen haben. Nachdem sie ihr Hausvieh zuerst dumm gemacht haben und sorgfältig verhüteten, dass diese ruhigen Geschöpfe ja keinen Schritt außer dem Gängelwagen, darin sie sie einsperreten, wagen durften: so zeigen sie ihnen nachher die Gefahr, die ihnen drohet, wenn sie es versuchen, allein zu gehen. Nun ist diese Gefahr zwar eben so groß nicht, denn sie würden durch einigemal Fallen wohl endlich gehen lernen; allein ein Beispiel von der Art macht doch schüchtern und schreckt gemeiniglich von allen ferneren Versuchen ab.

Gängelung durch angemaßte Vormünder

Es ist also für jeden einzelnen Menschen schwer, sich aus der ihm beinahe zur Natur gewordenen Unmündigkeit herauszuarbeiten. Er hat sie sogar lieb gewonnen und ist vorderhand wirklich unfähig, sich seines eigenen Verstandes zu bedienen, weil man ihn niemals den Versuch davon machen ließ. Satzungen und Formeln, diese mechanischen Werkzeuge eines vernünftigen Gebrauchs oder vielmehr Missbrauchs seiner Naturgaben, sind die Fußschellen einer immerwährenden Unmündigkeit. Wer sie auch abwürfe, würde dennoch auch über den schmalesten Graben einen nur unsicheren Sprung tun, weil er zu dergleichen freier Bewegung nicht gewöhnt ist.

„Satzungen und Formeln" als „Fußschellen" der Unmündigkeit

(…)

Zu dieser Aufklärung aber wird nichts erfordert als Freiheit; und zwar die unschädlichste unter allem, was nur Freiheit heißen mag, nämlich die: von seiner Vernunft in allen Stücken öffentlichen Gebrauch zu machen. Nun höre ich aber von allen Seiten rufen: Räsonniert nicht! Der Offizier sagt: Räsonniert nicht, sondern exerziert! Der Finanzrat: Räsonniert nicht, sondern bezahlt! Der Geistliche: Räsonniert nicht, sondern glaubt! (…) Hier ist überall Einschränkung der Freiheit. Welche Einschränkung aber ist der Aufklärung hinderlich, welche nicht, sondern ihr wohl gar beförderlich? – Ich antworte: Der öffent-

Freiheit als notwendige Voraussetzung für den Gebrauch der Vernunft

Differenzierung zwischen öffentlichem und privatem Gebrauch der Vernunft

liche Gebrauch seiner Vernunft muss jederzeit frei sein, und der allein kann Aufklärung unter Menschen zustande bringen; der Privatgebrauch derselben aber darf öfters sehr enge eingeschränkt sein, ohne doch darum den Fortschritt der Aufklärung sonderlich zu hindern. Ich verstehe aber unter dem öffentlichen Gebrauche seiner eigenen Vernunft denjenigen, den jemand als Gelehrter von ihr vor dem ganzen Publikum der Leserwelt macht. Den Privatgebrauch nenne ich denjenigen, den er in einem gewissen ihm anvertrauten bürgerlichen Posten oder Amte von seiner Vernunft machen darf. (…)

Erläuterung dieser Unterscheidung

Der Gebrauch also, den ein angestellter Lehrer von seiner Vernunft vor seiner Gemeinde macht, ist bloß einPrivatgebrauch, weil diese immer nur eine häusliche, obzwar noch so große Versammlung ist; und in Ansehung dessen ist er als Priester nicht frei und darf es auch nicht sein, weil er einen fremden Auftrag ausrichtet. Dagegen als Gelehrter, der durch Schriften zum eigentlichen Publikum, nämlich der Welt spricht, mithin der Geistliche im öffentlichen Gebrauche seiner Vernunft, genießt einer uneingeschränkten Freiheit, sich seiner eigenen Vernunft zu bedienen und in seiner eigenen Person zu sprechen. Denn dass die Vormünder des Volks (in geistlichen Dingen) selbst wieder unmündig sein sollen, ist eine Ungereimtheit, die auf Verewigung der Ungereimtheiten hinausläuft.

Aber sollte nicht eine Gesellschaft von Geistlichen, etwa eine Kirchenversammlung oder eine ehrwürdige Classis (wie sie sich unter den Holländern selbst nennt), berechtigt sein, sich eidlich auf ein gewisses unveränderliches Symbol zu verpflichten, um so eine unaufhörliche Obervormundschaft über jedes ihrer Glieder und vermittelst ihrer über das Volk zu führen und diese so gar zu verewigen? Ich sage: das ist ganz unmöglich.“[23]

---

23 Kant 1922, S. 167–171. Zitiert in historischer Schreibweise.

5.5 Gotthold Ephraim Lessing: *Die Erziehung des Menschengeschlechts*

§ 2

„Erziehung ist Offenbarung, die dem einzeln Menschen geschieht: und Offenbarung ist Erziehung, die dem Menschengeschlechte geschehen ist, und noch geschieht.

Erziehung als Offenbarung, Offenbarung als Erziehung

§ 3

Ob die Erziehung aus diesem Gesichtspunkte zu betrachten, in der Pädagogik Nutzen haben kann, will ich hier nicht untersuchen. Aber in der Theologie kann es gewiß sehr großen Nutzen haben, und viele Schwierigkeiten heben, wenn man sich die Offenbarung als eine Erziehung des Menschengeschlechts vorstellet.

Nutzen dieser Betrachtungsweise für die Theologie

§ 4

Erziehung gibt dem Menschen nichts, was er nicht auch aus sich selbst haben könnte: sie gibt ihm das, was er aus sich selber haben könnte, nur geschwinder und leichter. Also gibt auch die Offenbarung dem Menschengeschlechte nichts, worauf die menschliche Vernunft, sich selbst überlassen, nicht auch kommen würde: sondern sie gab und gibt ihm die wichtigsten dieser Dinge nur früher.

§ 5

Und so wie es der Erziehung nicht gleichgültig ist, in welcher Ordnung sie die Kräfte des Menschen entwickelt; wie sie dem Menschen nicht alles auf einmal beibringen kann: eben so hat auch Gott bei seiner Offenbarung eine gewisse Ordnung, ein gewisses Maß halten müssen.

§ 6

Entstehen der Vielgötterei

Wenn auch der erste Mensch mit einem Begriffe von einem Einigen Gotte sofort ausgestattet wurde: so konnte doch dieser mitgeteilte, und nicht erworbene Begriff unmöglich lange in seiner Lauterkeit bestehen. Sobald ihn die sich selbst überlassene menschliche Vernunft zu bearbeiten anfing, zerlegte sie den Einzigen Unermeßlichen in mehrere Ermeßlichere, und gab jedem dieser Teile ein Merkzeichen.

§ 7

So entstand natürlicher Weise Vielgötterei und Abgötterei. Und wer weiß, wie viele Millionen Jahre sich die menschliche Vernunft noch in diesen Irrwegen würde herumgetrieben haben; ohngeachtet überall und zu allen Zeiten einzelne Menschen erkannten, daß es Irrwege waren: wenn es Gott nicht gefallen hätte, ihr durch einen neuen Stoß eine bessere Richtung zu geben.

§ 8

Da er aber einem jeden einzeln Menschen sich nicht mehr offenbaren konnte, noch wollte: so wählte er sich ein einzelnes Volk zu seiner besondern Erziehung; und eben das ungeschliffenste, das verwildertste, um mit ihm ganz von vorne anfangen zu können.

Das auserwählte Volk

§ 76

Man wende nicht ein, daß dergleichen Vernünfteleien über die Geheimnisse der Religion untersagt sind. – Das Wort Geheimnis bedeutete, in den ersten Zeiten des Christentums, ganz etwas anders, als wir itzt darunter verstehen; und die Ausbildung geoffenbarter Wahrheiten in Vernunftswahrheiten ist schlechterdings notwendig, wenn dem menschlichen Geschlechte damit geholfen sein soll. Als sie geoffenbaret wur-

„Vernunftswahrheiten“

den, waren sie freilich noch keine Vernunftswahrheiten; aber sie wurden geoffenbaret, um es zu werden. Sie waren gleichsam das Fazit, welches der Rechenmeister seinen Schülern voraussagt, damit sie sich im Rechnen einigermaßen darnach richten können. Wollten sich die Schüler an dem vorausgesagten Fazit begnügen: so würden sie nie rechnen lernen, und die Absicht, in welcher der gute Meister ihnen bei ihrer Arbeit einen Leitfaden gab, schlecht erfüllen.

§ 77

Und warum sollten wir nicht auch durch eine Religion, mit deren historischer Wahrheit, wenn man will, es so mißlich aussieht, gleichwohl auf nähere und bessere Begriffe vom göttlichen Wesen, von unsrer Natur, von unsern Verhältnissen zu Gott, geleitet werden können, auf welche die menschliche Vernunft von selbst nimmermehr gekommen wäre!

§ 78

Das Unschädliche von Spekulationen über religiöse Fragen

Es ist nicht wahr, daß Spekulationen über diese Dinge jemals Unheil gestiftet, und der bürgerlichen Gesellschaft nachteilig geworden. – Nicht den Spekulationen: dem Unsinne, der Tyrannei, diesen Spekulationen zu steuern; Menschen, die ihre eigenen hatten, nicht ihre eigenen zu gönnen, ist dieser Vorwurf zu machen.

§ 79

Vielmehr sind dergleichen Spekulationen – mögen sie im einzeln doch ausfallen, wie sie wollen – unstreitig die schicklichsten Übungen des menschlichen Verstandes überhaupt, solange das menschliche Herz überhaupt, höchstens nur vermögend ist, die Tugend wegen ihrer ewigen glückseligen Folgen zu lieben.

„Reinigkeit des Herzens“ als Effekt der freien Entfaltung des Verstands

§ 80

Denn bei dieser Eigennützigkeit des menschlichen Herzens, auch den Verstand nur allein an dem üben wollen, was unsere körperlichen Bedürfnisse betrifft, würde ihn mehr stumpfen, als wetzen heißen. Er will schlechterdings an geistigen Gegenständen geübt sein, wenn er zu seiner völligen Aufklärung gelangen, und diejenige Reinigkeit des Herzens hervorbringen soll, die uns, die Tugend um ihrer selbst willen zu lieben, fähig macht.

§ 85

Das Gute tun um des Guten willen

Nein; sie wird kommen, sie wird gewiß kommen, die Zeit der Vollendung, da der Mensch, je überzeugter sein Verstand einer immer bessern Zukunft sich fühlet, von dieser Zukunft gleichwohl Bewegungsgründe zu seinen Handlungen zu erborgen, nicht nötig haben wird; da er das Gute tun wird, weil es das Gute ist, nicht weil willkürliche Belohnungen darauf gesetzt sind, die seinen flatterhaften Blick ehedem bloß heften und stärken sollten, die innern bessern Belohnungen desselben zu erkennen.“[24]

5.6 Martin Luther King: *I have a dream*

„Ich freue mich, heute mit euch zusammen an einem Ereignis teilzunehmen, das als die größte Demonstration für die Freiheit in die Geschichte unserer Nation eingehen wird.

Vor hundert Jahren unterzeichnete ein großer Amerikaner, in dessen symbolischem Schatten wir heute stehen, die Emanzipationsproklamation. Er kam wie ein freudiger Tagesanbruch nach der langen Nacht ihrer Gefangenschaft.

---

24 Lessing: *Die Erziehung des Menschengeschlechts*, in: Projekt Gutenberg, https://www.projekt-gutenberg.org/lessing/erziehng/erziehng.html (Stand: März 2023). Zitiert in historischer Schreibweise.

Aber hundert Jahre später ist der Neger immer noch nicht frei. Hundert Jahre später ist das Leben des Negers immer noch verkrüppelt durch die Fesseln der Rassentrennung und die Ketten der Diskriminierung. (…)

Es wird weder Ruhe noch Rast in Amerika geben, bis dem Neger die vollen Bürgerrechte zugebilligt werden. Die Stürme des Aufruhrs werden weiterhin die Grundfesten unserer Nation erschüttern, bis der helle Tag der Gerechtigkeit anbricht. Und das muss ich meinem Volk sagen, das an der abgenutzten Schwelle der Tür steht, die in den Palast der Gerechtigkeit führt: Während wir versuchen, unseren rechtmäßigen Platz zu gewinnen, dürfen wir uns keiner unrechten Handlung schuldig machen. Lasst uns nicht aus dem Kelch der Bitterkeit und des Hasses trinken, um unseren Durst nach Freiheit zu stillen. (…)

Ich weiß wohl, dass manche unter euch hierhergekommen sind aus großer Bedrängnis und Trübsal. Einige von euch sind direkt aus engen Gefängniszellen gekommen. Einige von euch sind aus Gegenden gekommen, wo ihr aufgrund eures Verlangens nach Freiheit mitgenommen und erschüttert wurdet von den Stürmen der Verfolgung und polizeilicher Brutalität. (…)

Heute sage ich euch, meine Freunde, trotz der Schwierigkeiten von heute und morgen habe ich einen Traum. Es ist ein Traum, der tief verwurzelt ist im amerikanischen Traum. Ich habe einen Traum, dass eines Tages diese Nation sich erheben wird und der wahren Bedeutung ihres Credos gemäß leben wird: ‚Wir halten diese Wahrheit für selbstverständlich: dass alle Menschen gleich erschaffen sind.'

Ich habe einen Traum, dass eines Tages auf den roten Hügeln von Georgia die Söhne früherer Sklaven und die Söhne früherer Sklavenhalter miteinander am Tisch der Brüderlichkeit sitzen können.

Ich habe einen Traum, dass sich eines Tages selbst der Staat Mississippi, ein Staat, der in der Hitze der Ungerechtigkeit und

Unterdrückung verschmachtet, in eine Oase und Gerechtigkeit verwandelt.

Ich habe einen Traum, dass meine vier kleinen Kinder eines Tages in einer Nation leben werden, in der man sie nicht nach ihrer Hautfarbe, sondern nach ihrem Charakter beurteilen wird. Ich habe einen Traum heute …

(…) Ich habe einen Traum, dass eines Tages jedes Tal erhöht und jeder Hügel und Berg erniedrigt wird. Die rauen Orte werden geglättet und die unebenen Orte begradigt werden. (…)

Wenn wir die Freiheit erschallen lassen – wenn wir sie erschallen lassen von jeder Stadt und jedem Weiler, von jedem Staat und jeder Großstadt, dann werden wir den Tag beschleunigen können, an dem alle Kinder Gottes – schwarze und weiße Menschen, Juden und Heiden, Protestanten und Katholiken – sich die Hände reichen und die Worte des alten Negro Spiritual singen können: ‚Endlich frei! Endlich frei! Großer allmächtiger Gott, wir sind endlich frei!'"[25]

5.7 Über Mirjam Presslers Erzählweise und Intention

„Mirjam Pressler selbst hat über sich gesagt, dass sie als Autorin von ihren Erfahrungen, ihrer Biografie lebe. ‚Was ich schreibe, muss stimmen, muss meiner Realität, meiner sozialen Wirklichkeit entsprechen'. (Was heißt da zumuten?, 2001, S. 44) Wie kaum eine andere Kinder- und Jugendbuchautorin lässt Mirjam Pressler ihre Bücher aus der Lebenswirklichkeit heraus entstehen.

Auseinandersetzung mit Fragen der Sinngebung

Ihre Protagonisten sind keine Helden einer Spaßkultur, die in oberflächlichen Action-Szenarien ihre Erfüllung finden. Die Spannung der Geschichten erwächst aus der Auseinander-

25 Der stark gekürzte Redetext stammt aus: http://www.king-zentrum.de/mlkz/reden/i-have-a-dream-dt (Stand: März 2023). Die gesamte Rede findet sich neben anderen auch in King 1989, S. 121–125.

setzung ihrer Figuren mit wichtigen Fragen der Sinngebung ihres Lebens, die zumeist ihren Ausgangspunkt in der familiären Sphäre nimmt, sich dann zur Öffentlichkeit hin weitet und wesentliche Momente von Geschichte und Suche nach grundlegenden Werten zu erkennen gibt.

Das literarische Niveau und die thematische Breite des Erzählwerks von Mirjam Pressler sind äußerst bemerkenswert. Sowohl in den von ihr übersetzten als auch in ihren eigenen Texten offenbart sich das Ergebnis beträchtlicher Anforderungen an die eigene Sprachdisziplin und Sprachkraft. In einer Rede äußerte Mirjam Pressler, sie verbringe heute den größten Teil ihrer wachen Zeit damit, Worte und Sätze zu formen, sei es beim Schreiben oder beim Übersetzen. Ihre tägliche Arbeit bestehe darin, mithilfe von Sprache zu versuchen, den inneren Bildern, den Gefühlen und Empfindungen eine Form zu geben, eine Geschichte aus ihnen entstehen zu lassen, eine eigene Realität zu erschaffen (Dankesrede zur Verleihung der Carl Zuckmayer-Medaille, 2001, S. 15). Insbesondere Mirjam Presslers historische Romane und gerade ihre jüngste Arbeit – *Nathan und seine Kinder* – legen davon ein beredtes Zeugnis ab.

Sprachdisziplin und Sprachkraft

Trotz der enormen Quantität ihres Schaffens ist Mirjam Pressler immer dem Anspruch auf herausragende ästhetische Qualität gerecht geworden. In ihren frühen Büchern ging es stets darum, dass das Leben der Kinder nicht weniger angefochten ist als das der Erwachsenen. Viel gewonnen sei schon, wenn die Kinder – allein gelassen mit ihren Nöten und Ängsten – verstünden, dass sie an den äußeren Umständen nicht schuld seien. Sie gebe sich zwar nicht der Illusion hin, Bücher könnten die Welt verändern, sagte Mirjam Pressler in der Dankesrede zur Verleihung der Carl Zuckmayer-Medaille (2001, S. 15), aber für einzelne Menschen könne ein Buch ‚eine wichtige', möglicherweise gar ‚weltbewegende Bedeutung' erlangen. Diese Aussage, auf die Wirkung des Bücherlesens allgemein bezogen, trifft auch auf die Wirkung ihrer eigenen Bücher zu.

Glück und Leid

In all ihren Büchern stehen nicht nur leidvolle Erfahrungen in Zentrum, sondern auch das Thema Glück – als abwesendes, ersehntes und gelingendes. Das kann zum Beispiel Zuwendung, Freundschaft bedeuten. Im Gespräch über ihr Buch *Wenn das Glück kommt, muss man ihm einen Stuhl hinstellen* beschreibt sie das entscheidende Moment beim Ausschau nach kleinen Glücksmöglichkeiten so: ‚Die Tür nicht zuzumachen, sondern offen zu bleiben für das kleine Glück, auch wenn es vielleicht anders aussieht als erhofft.' (Erlebnisse, 2001, S. 54)"[26]

5.8 Mirjam Pressler: *Nimm deine Kindheit und lauf, eine andere kriegst du nicht*

„Aber wie sieht jemand seine eigene Geschichte? Dabei lassen sich zwei Positionen unterscheiden. Die einen sehen ihre Geschichte positiv. Das findet man besonders häufig, wenn berühmte Leute wie zum Beispiel Politiker oder Wirtschaftsbosse ihre Autobiografien schreiben. In dem Teil, in dem sie auf ihre Kindheit eingehen, ist ihr persönlicher Erfolg bereits angelegt, wird vielleicht auch schon von der Umwelt imaginiert. Oder sie arbeiten sich aus armen Verhältnissen hoch, doch auch dann ist ihre Kindheit vorzeigbar und nicht mit Scham besetzt. Solchen Kindheitserinnerungen könnte man den Titel geben: ‚Stell deine Kindheit auf einen Sockel. Weglaufen musst du jedenfalls nicht.'

Dagegen gibt es die schwere, die schwierige und beschädigte Kindheit, die fast immer viel mit Scham und Erniedrigung zu tun hat, oft mit Misshandlung und Missbrauch. Das sind die

26 Payrhuber; Richter 2009, S. 37 f.

Kindheiten, für die der Titel passt: ‚Nimm deine Kindheit und lauf, eine andere kriegst du nicht.'

Niemandem ist es besonders angenehm, Geschichten dieser Art zu erzählen, aber andererseits wird man solch eine Kindheit auch nie los. Wer sie nicht erzählt, wird innerlich daran ersticken, wenn sie nicht schon dazu geführt hat, dass seine Gefühle abgetötet sind. (...)

Aber, wie gesagt, wer nicht redet, erstickt. Autoren reden nicht, sie schreiben. Um von ihrer eigenen beschädigten Kindheit zu erzählen, müssen sie sich Tricks ausdenken, damit sie einerseits nahe genug und andererseits weit entfernt genug von sich selbst sind. (...)

Tricks zur Distanzierung

Solche Tricks der Distanzierung sind zum Beispiel, dass man nicht ‚ich' schreibt, sondern ‚er' oder ‚sie'. Oder man gibt der ‚Ich'-Erzählerin einen anderen Namen; dass man seinen Protagonisten das andere Geschlecht zuweist; oder man verlegt den Ort der Handlung in eine andere Landschaft; oder man macht aus einer gestohlenen Gans ein gestohlenes Huhn. (Oft reichen winzige Änderungen, um Distanz herzustellen.) Auch Weglassen und Übertreiben gehören zu den Tricks, die richtige Mischung von Nähe und Distanz zu finden.

Mischung aus Erinnerung und Erfindung

Das sind technische Mittel, die man benutzt, um sich zu verstecken. Eine weitergehende Form, meiner Meinung nach die wichtigste, ist das Mischen von erinnerter Realität mit Erfundenem. Das ist schon deshalb nötig, weil niemand sich tatsächlich an alles genau erinnert. Die Erinnerungen bestehen in der Regel ja aus Fetzen ohne Anfang und Ende, Ausschnitte, Bilder, die durch den Kopf schießen und kaum fassbar sind. Und was macht man, wenn einen die Erinnerung im Stich lässt? Man erfindet etwas dazu, ohne groß darüber nachzudenken. Man erfindet einen Anfang und ein Ende zu dem Erinnerungsfetzen, den man tatsächlich hat, denn sonst wird es ja keine Geschichte.

Vor allem gehört dazu auch das Erfinden von Details, die eine Geschichte erst bunt machen und ihr einen bestimmten Charakter geben.

(...) Wir brauchen solche erfundenen Details, um unsere Erinnerungen zu vervollständigen, um sie einzuordnen und auch, um sie erträglicher zu machen. Das bedeutet natürlich, dass jedes autobiografische Schreiben nicht wahr ist im Sinne von: So ist es passiert, genau so. Je mehr Details erfunden werden, umso klarer wird die innere Wahrheit der Dinge, die Faktentreue tritt dagegen in den Hintergrund."[27]

5.9 *„Ich wehre mich gegen ein zwangsläufiges Happy End"* – Interview mit Mirjam Pressler (in Auszügen)

„Verwerten Sie in Ihren Büchern eigene Kindheitserlebnisse?

Selbstverständlich. Welche sollte ich sonst verwerten? Ich kann ja immer nur von mir und meiner Erfahrung ausgehen. Das bedeutet nicht, dass ich alles, was ich beschreibe, auch selbst erlebt habe, aber es hat einen Bezug zu mir. Schreiben bedeutet ja immer, von der persönlichen Erfahrung auszugehen. (...)

Wie kamen Sie zum Schreiben?

Das ist eine sehr simple Geschichte: Ich habe Geld gebraucht. Ich hatte eine Halbtagsstelle im Büro und das Geld reichte nicht. Da habe ich überlegt, was ich zusätzlich machen könnte. Ich habe angefangen zu schreiben und nicht mehr aufgehört damit. (...)

Und warum Kinderbücher?

27 Auszug aus einer Rede, die sie anlässlich ihres 60. Geburtstages in der Internationalen Jugendbibliothek in München am 29.6.2000 gehalten hat. In: Gelberg 2001, S. 59–62.

Das ist eine Frage, die ich mir nie gestellt habe, es war einfach so. (…) Der große Unterschied zwischen den Kinderbüchern von früher und den (realistischen) von heute ist, dass früher die Schwierigkeiten immer von den Kindern, den Hauptfiguren, ausgingen. Die Kinder mussten sich den Normen der Erwachsenen anpassen. Die Eltern waren immer die, die alles wussten und richtig machten. Und wenn das Kind am Ende des Buches seine Lektion gelernt hatte und Besserung versprach, dann nannte man es ein gutes Buch. Ich will, dass Kinder kapieren, dass sie an den äußeren Umständen nicht schuld sind, dass nicht immer sie es sind, mit denen ‚etwas' nicht stimmt. Wenn sie das verstehen, sehe ich auch eine politische Aufgabe erfüllt. (…)

Wollen Sie mit Ihren Büchern erziehen?

Ich will nicht erziehen, ich bin keine Lehrerin. Auf keinen Fall. Am liebsten würde ich sagen, ich will mit meinen Büchern gar nichts. Aber das stimmt natürlich auch nicht. Ich denke, ich will informieren, und ich will, dass meine Bücher das bringen, was ich selbst von allen Büchern erwarte: Erweiterung des Blickfelds. Man kann nicht alles selbst erleben, aber man kann sehr wohl gelesene Erfahrung sammeln.

Ihre Texte zeigen, wie sehr eine Kindheit von den sozialen Umständen abhängt. Die Hauptfiguren der Geschichten lernen mehr oder weniger, mit ihrer Welt umzugehen, aber nicht, sie zu ändern. Trägt das nicht zur Konservierung eben der schlechten Umstände bei?

Ich finde, Kinder sind so unterlegen, sie sind den Zuständen so ausgeliefert. Wenn ein Kind es schafft, für seine Situation Überlebensstrategien zu entwickeln, dann ist das eine tolle

Sache. Die sozialen Bedingungen sind nicht ohne weiteres zu ändern. (...) Überlebt ein Kind seine Kindheit trotz widriger Umstände, dann wird es als erwachsener Mensch freier in seinen oder ihren Gedanken sein. Es gibt einfach Situationen, in denen man einem Kind keinen anderen Rat geben kann, als möglichst schnell erwachsen zu werden. In solchen Fällen wehre ich mich gegen ein zwangsläufiges Happy End. (...)"[28]

5.10 Antrittsrede des deutschen Bundespräsidenten Joachim Gauck am 23.3.2012 (in Auszügen)

„(...) Kann ein verbrecherischer Fanatismus in Deutschland wie in anderen Teilen der Welt weiter friedliche Menschen bedrohen, einschüchtern und ermorden?

Jeder Tag, jede Begegnung mit den Medien bringt eine Fülle neuer Ängste und Sorgen hervor. Manche ersinnen dann Fluchtwege, misstrauen der Zukunft, fürchten die Gegenwart. Viele fragen sich: Was ist das eigentlich für ein Leben, was ist das für eine Freiheit? Mein Lebensthema ‚Freiheit' ist dann für sie keine Verheißung, kein Versprechen, sondern nur Verunsicherung. Ich verstehe diese Reaktion, doch ich will ihr keinen Vorschub leisten. Ängste – so habe ich es gelernt in einem langen Leben – vermindern unseren Mut wie unser Selbstvertrauen, und manchmal so entscheidend, dass wir beides ganz und gar verlieren können, bis wir gar Feigheit für Tugend halten und Flucht für eine legitime Haltung im politischen Raum.

Stattdessen – da ich das nicht will – will ich meine Erinnerung als Kraft und Kraftquelle nutzen, mich und uns zu lehren und zu motivieren. (...)

Das ist kein Paradigmenwechsel in der Erinnerungskultur. Das ist eine Paradigmenergänzung. Sie soll uns ermutigen: Das, was mehrfach in der Vergangenheit gelungen ist, all die

---

28 Gelberg 2001, S. 11–16.

Herausforderungen der Zeit anzunehmen und sie nach besten Kräften – wenn auch nicht gleich ideal – zu lösen, das ist eine große Ermutigung auch für uns in der Zukunft.

Wie soll es nun also aussehen, dieses Land, zu dem unsere Kinder und Enkel ‚unser Land' sagen? Es soll ‚unser Land' sein, weil ‚unser Land' soziale Gerechtigkeit, Teilhabe und Aufstiegschancen verbindet. Der Weg dazu ist nicht der einer paternalistischen Fürsorgepolitik, sondern der eines Sozialstaates, der vorsorgt und ermächtigt. Wir dürfen nicht dulden, dass Kinder ihre Talente nicht entfalten können, weil keine Chancengleichheit existiert. Wir dürfen nicht dulden, dass Menschen den Eindruck haben, Leistung lohne sich für sie nicht mehr und der Aufstieg sei ihnen selbst dann verwehrt, wenn sie sich nach Kräften bemühen. Wir dürfen nicht dulden, dass Menschen den Eindruck haben, sie seien nicht Teil unserer Gesellschaft, weil sie arm oder alt oder behindert sind.

Freiheit ist eine notwendige Bedingung von Gerechtigkeit. Denn was Gerechtigkeit – auch soziale Gerechtigkeit – bedeutet und was wir tun müssen, um ihr näherzukommen, lässt sich nicht paternalistisch anordnen, sondern nur in intensiver demokratischer Diskussion und Debatte klären. Umgekehrt ist das Bemühen um Gerechtigkeit unerlässlich für die Bewahrung der Freiheit. Wenn die Zahl der Menschen wächst, die den Eindruck haben, ihr Staat meine es mit dem Bekenntnis zu einer gerechten Ordnung in der Gesellschaft nicht ernst, sinkt das Vertrauen in die Demokratie. ‚Unser Land' muss also ein Land sein, das beides verbindet: Freiheit als Bedingung für Gerechtigkeit – und Gerechtigkeit als Bedingung dafür, Freiheit und Selbstverwirklichung erlebbar zu machen.

In ‚unserem Land' sollen auch alle zu Hause sein können, die hier leben. Wir leben inzwischen in einem Staat, in dem neben die ganz selbstverständliche deutschsprachige und christliche Tradition Religionen wie der Islam getreten sind, auch andere

Sprachen, andere Traditionen und Kulturen, in einem Staat, der sich immer weniger durch nationale Zugehörigkeit seiner Bürger definieren lässt, sondern durch ihre Zugehörigkeit zu einer politischen und ethischen Wertegemeinschaft, in dem nicht ausschließlich die über lange Zeit entstandene Schicksalsgemeinschaft das Gemeinwesen bestimmt, sondern zunehmend das Streben der Unterschiedlichen nach dem Gemeinsamen: diesem unseren Staat in Europa. (...)“[29]

29 Stark gekürzt aus: http://www.bundespraesident.de/SharedDocs/Reden/DE/Joachim-Gauck/Reden/2012/03/120323-Vereidigung-des-Bundespraesidenten.html (Stand: März 2023).

PRÜFUNGSAUFGABEN MIT MUSTERLÖSUNGEN 6

Aufgabe 1

Deutung von Rechas Traum

a) Fassen Sie den Inhalt von Rechas Traum (vgl. S. 109 f.) zusammen und ordnen Sie ihn in den Romankontext ein.

b) Interpretieren Sie den Traum als Auseinandersetzung mit Ereignissen, die sich tatsächlich in Rechas Leben ereignet haben.

Mögliche Lösung in knapper Fassung:

a) Recha sieht sich auf einem Hügel in der Nähe des Toten Meeres unter einem Tamariskenbaum stehen. Der Gesang eines Vogels, der über ihr im Baum sitzt, ergreift sie und lässt sie weinen. Als sie ihre Hand nach ihm ausstreckt, wird der zuvor schöne Gesang zu einem spöttischen Gelächter und der Vogel fliegt davon. Dann sieht Recha eine anmutige Gazelle; als sie sich dem Tier nähert, läuft es davon. Auch ein Kamelkalb flieht, als Recha darauf zuläuft. Als Recha sich umdreht, sieht sie den Tempelritter in seinem weißen Mantel auf einem Felsen stehen. Als sie versucht, sich ihrem Lebensretter zu nähern, versinkt sie im Sand, und der Tempelritter entfernt sich.

Recha hat diesen Traum (vgl. auch Lernskizze 4) nach dem gemeinsamen Abendessen, mit dem Nathan dem Tempelritter seinen Dank dafür ausdrücken will, dass er Recha aus dem brennenden Haus gerettet hat. Daja beobachtet Recha während des Essens und erkennt, dass das die ganze Zeit über schweigende Mädchen sich in den Tempelritter verliebt hat (vgl. S. 108).

b) Der Traum kann somit als eine innere Auseinandersetzung mit dem ersten Verliebt-Sein gedeutet werden. Der biblische Tamariskenbaum (vgl. z. B. 1. Mose 21,33, 1.Samuel 22,6, 1. Samuel 31,13) stellt die thematische Verbindung zu Religion her. Auch das rote Kreuz des Mantels, das Recha besonders betont, verknüpft seine Erscheinung mit der Religionsthematik: Recha hält sich für eine Jüdin, da sie von Nathan bislang noch keine Informationen über ihre wahre Herkunft erhalten hat. In ihrem Traum gelingt es ihr nicht, den Tempelritter zu erreichen – ein Grund dafür könnte durch die religiöse Symbolik nahe gelegt werden und in der vermeintlich verschiedenen Religionszugehörigkeit zu suchen sein. Die Tiere, die zuvor das Bild eine harmonischen Einheit von Recha und der Natur zeichnen – so wie sie es in ihrer Kindheit erfahren haben mag –, entziehen sich ihrem Zugriff; der Kindheitszustand ist für sie nicht mehr erreichbar, sie befindet sich in der Phase ihrer Adoleszenz und muss diesen Weg bis zur Identitätsfindung gehen. Eine Rückkehr in die fremdbestimmte Kindheitsidentität ist nicht mehr möglich. Insofern lässt sich der Traum als eine unbewusste Auseinandersetzung mit dem eigenen Erwachsen-Werden verstehen. Als Katalysator für diesen Prozess dient die Zuneigung zu dem Tempelritter, der ihr auf der einen Seite das Leben rettet, auf der anderen Seite dadurch paradoxerweise aber auch für den „Tod" ihrer alten Identität verantwortlich ist.

Aufgabe 2

Charakterisierung Nathan, Tempelritter
Daja berichtet vom ersten Aufeinandertreffen zwischen dem Tempelritter und Nathan (vgl. S. 101–108). Fassen Sie den Inhalt der Textstelle zusammen und entwickeln Sie unter Berücksichtigung weiterer Textstellen eine Charakterisierung der beiden Figuren.

Mögliche Lösung in knapper Fassung:

Inhaltszusammenfassung:

Dajas Bericht von der Begegnung Nathans und des Tempelritters: Tempelritter weist Dank Nathans verächtlich zurück. Nathan reagiert mit dem Hinweis darauf, dass Gott ihm die Rettung eines Menschlebens unabhängig von dessen Religionszugehörigkeit lohnen werde. Tempelritter reagiert nachdenklich und nimmt Einladung zum Abendessen im Hause Nathans an. Bei diesem Abendessen schließen der Tempelritter und Nathan Freundschaft miteinander.

Charakterisierung Nathans:

- reicher Kaufmann und Menschenfreund mit hohem Ansehen,
- tragische Lebensgeschichte: Frau und sieben Söhne 18 Jahre zuvor von Christen getötet
- Nathan als Pflegevater Rechas,
- idealistische Grundhaltung: Glaube an Wirkung des Verstandes, an wahre Humanität ungeachtet der religiösen Zugehörigkeit, an das Gute im Menschen, an Nächstenliebe und Barmherzigkeit,
- Erzieher Rechas, des Sultans und des Tempelritters,
- Ringparabel mit Lehre, dass ein Mensch nicht über die Weisheit verfügt, die Frage nach der wahren Religion zu entscheiden,
- Nathan betont Vaterschaft durch Liebe, übernimmt Verantwortung für elternlose Kinder/Jugendliche.

Charakterisierung des Tempelritters:

- Herkunft letztlich ungeklärt, Ähnlichkeit mit Assad, dem Bruder Saladins, legt Abstammung nahe; Mutter ist Schwester Konrads von Stauffen, bei dem er aufwächst, Eintritt in Orden der Tempelritter,
- wird als Einziger nicht von Saladin hingerichtet, Beginn der Suche nach einer neuen Identität (Neffe Saladins, humane Ideale),
- lässt sich nicht vom Patriarchen instrumentalisieren,
- religiös bedingte Vorurteile werden sukzessive beiseitegelegt,
- Bekenntnis zu Humanität und Toleranz, Freundschaft mit Nathan,
- Verliebt-Sein in Recha führt zu Gewissenskonflikt
- selbstkritisch nach Besuch beim Patriarchen.
- lebt schließlich als Neffe Saladins im Palast des Sultans.

Aufgabe 3

Zum Motiv der Herkunft

Geschem vertritt die Ansicht: „Ein Mensch, der nirgendwo dazugehört, ist wie ein abgerissenes Blatt im Wind" (S. 215). Erläutern Sie diese Aussage vor dem Hintergrund des Romans *Nathan und seine Kinder*.

Mögliche Lösung in knapper Fassung:

Der Satz macht klar, dass die soziale Zugehörigkeit ein Grundbedürfnis des Menschen ist. Nathan, der selbst seine Familie und damit seine Wurzeln verloren hat, ist die Figur, die elternlosen Kindern und Jugendlichen, aber auch Erwachsenen wie Daja, die ihren Ehemann verloren hat, eine neue Familie als Bezugsgröße gibt und dabei nicht auf die Religionszugehörigkeit achtet. Beispiele sind Geschem, Recha und Daja:

Geschem:

- kennt seine Eltern nicht, wurde von Elijahu als krankes und halb verhungertes Waisenkind zu Nathan gebracht, wo er durch die Pflege von Elijahu und Zipora wieder zu Kräften kam und seither seiner Behinderung wegen Hilfstätigkeiten im Haus versieht,
- kennt seine Religionszugehörigkeit nicht, fühlt sich als Jude,
- hat keinen Namen, erhält von Nathan den Namen Geschem.

Recha:

- Identität ihres leiblichen Vaters bleibt bis zum Ende ungeklärt,
- nach anfänglicher Betroffenheit wegen der Einsicht, dass Nathan nicht ihr leiblicher Vater ist, vertritt sie Ansicht, dass nicht die Blutsverwandtschaft allein Vaterschaft begründet,
- übernimmt Führungsrolle im Haus Nathans und tritt damit sein Erbe an, verkörpert den Erfolg der Erziehung Nathans, demonstriert aufklärerischen Vernunftoptimismus sowie humanes und tolerantes Handeln und stellt das Bild der die Religionsgrenzen überschreitenden Mensch-

heitsfamilie dar, in der nicht zwangsläufig biologische Verbindungen den Zusammenhalt garantieren,
- unklar, ob es zu einer Verbindung mit dem Tempelritter kommt.

Daja:
- wächst nach Tod der Eltern bei strenger Großmutter auf,
- schließt sich als junge Frau Kreuzfahrern an, folgt ihrem späteren Mann Gisbert ins Heilige Land,
- nach Tod ihres Mannes irrt sie orientierungslos durch Jerusalem und wird von Nathan angesprochen, der sie als Erzieherin Rechas verpflichtet. Seither lebt sie in dessen Haus, sie lebt in dem Bewusstsein, dass sie Nathan ihre Existenz verdankt.
- Sehnsucht nach der deutschen Heimat bringt sie dazu, dem Tempelritter die wahre Abstammung Rechas anzudeuten in der Hoffnung, dass beide sie bei einer Hochzeit mit zurück nach Deutschland nehmen würden. Daja weiß, dass sie Nathan mit diesem Geständnis verrät, ihr emotionaler Konflikt ist groß, und nach der Andeutung der christlichen Herkunft gegenüber dem Tempelritter bereut sie auch sofort ihre Worte.

Lernskizze 1: Quellen von Mirjam Presslers *Nathan und seine Kinder* (2009)

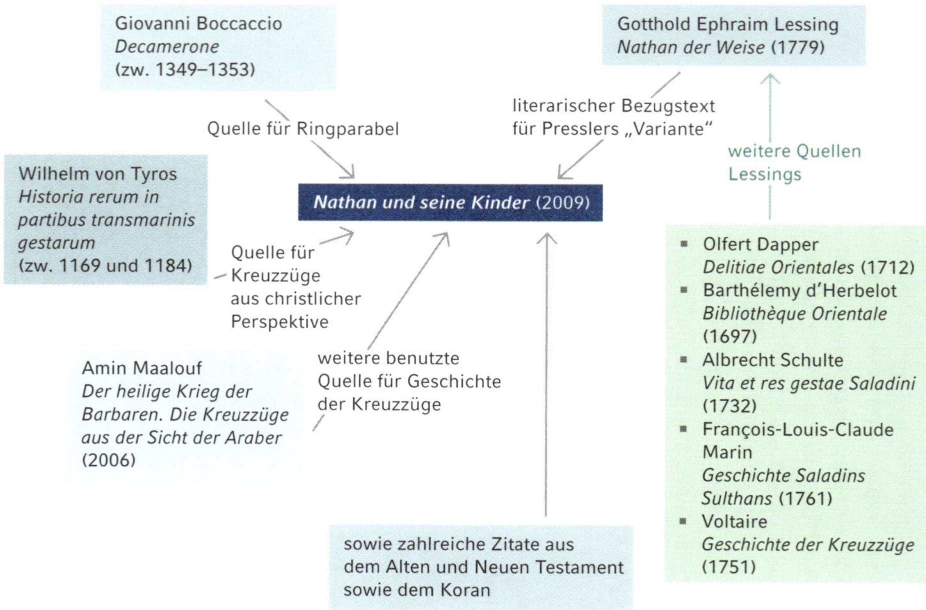

Lernskizze 2: Die vier Themenkomplexe in *Nathan und seine Kinder*

Wahrheit/Religion/Humanität

- Ringparabel als ideelles Zentrum der Ethik; Nathan als deren Personifizierung
- Nathans Ideale: Glaube an die Vernunft, Liebe zu Gott und Nächstenliebe
- Positive Wirkung der Ideale auf den Tempelritter und den Sultan
- Abu Hassan und der Patriarch als Gegner der Ideale: Tötung von Gegnern als Ausdruck gottgefälligen Handelns
- Nathans Traum überlebt seinen Tod.

Herkunft/Identität/Adoleszenz

- Feuer als Symbol für Rechas Ablösung von der Kindheit
- Rechas Übergang ins Erwachsenenalter durch (Liebes-)Begegnung mit Tempelherrn und Verlust des Vaters Nathan
- Neuorientierung durch Übernahme der Verantwortung für Nathans Haus
- Neuorientierung durch Übernahme der humanen Ideale Nathans

Saladins Geldnot

- Grund der Geldnot: Saladins Freigiebigkeit und Ausbleiben der Steuereinnahmen
- Folge: keine weiteren Mittel für das Militär, Bedrohung durch das Kreuzfahrerheer
- Vorschlag von Abu Hassan: Enteignung/Tötung aller reichen Juden
- Kreditwunsch des Sultans als Grund für die Einladung Nathans zum Sultan
- Ende der Geldnot: Kreditgewährung durch Nathan, Eintreffen der Steuern

Erziehung des Tempelherrn

- Humaner Charakterzug ist von Beginn an präsent.
- sensibler und selbstkritischer Charakter
- Zurechtweisung durch Daja („bloß […] das Leben eines Judenmädchens", S. 102) bewirkt Einsicht
- Freundschaft mit Nathan
- Kritisiert eigene Naivität, da er Rat beim Patriarchen sucht.
- Akzeptanz durch den Sultan trotz der Religionszugehörigkeit als Vorbild für die eigene humane Grundeinstellung

Lernskizze 3: Zwei Interpretationsansätze zu *Nathan und seine Kinder*

Roman über „Toleranz" und „Humanität" als die zentralen ethischen Ideale der Aufklärung

Ideeller Kern als Utopie

- Nächstenliebe als wahrer Ausdruck von Gottesglaube
- Jeder Mensch braucht familiäre Geborgenheit.
- Gottes Liebe gilt allen Menschen.
- Kern aller Religion ist die Liebe zu Gott und den Menschen.

⟷

Realität

- Inhumanität
- Rachsucht
- Verzweiflung

↓

Hoffnung

Nathans Ideale leben weiter in seinen „Kindern".

Roman als Vertreter des Genres „Adoleszenzroman"

- Adoleszenzroman = literarische Darstellung der physiologischen, psychologischen und soziologischen Aspekte des Heranwachsens
- Ziel: Identitätsfindung eines Jugendlichen
- Motive: Auseinandersetzung mit Sexualität, Familie, Freunde, Gesellschaft
- Weitere Merkmale: **Initiation** als explizites Ritual oder Reise zur Einführung in die Welt der Erwachsenen, Begegnung mit Tod als Abschied von der Kindheit

↓

Recha als Heranwachsende

- erstes Verliebtsein (in Tempelherr) und Auseinandersetzung mit eigener Herkunft (Nathan)
- Todesmotiv: Hausbrand → setzt Identitätssuche in Gang, Tod Nathans → Recha muss Verantwortung übernehmen (Identitätsfindung)
- Zwei Reisen durch Jerusalem als Initiation

Lernskizze 4: Deutung von Rechas Traum (S. 109 f.)

BILDHÄLFTE: Welche Bilder im Traum erscheinen …	**SACHHÄLFTE:** Was die Bilder bedeuten könnten …
Recha steht neben einem Tamariskenbaum.	Verbindung zur Religion (z. B. Gen 21,33)
Recha nimmt Vogel, Gazelle, Kalb wahr, die sich von ihr entfernen.	Kindheitszustand (harmonische Einheit mit Natur) ist für Recha nicht mehr erreichbar.
Recha sieht den Tempelherrn, der sich ebenfalls entfernt.	Distanz zu Recha wegen vermeintlich unterschiedlicher Religion
Recha sieht ein rotes Kreuz auf dem weißen Mantel des Tempelherrn.	Farbe weiß als Symbol für Unschuld, rot als Farbe des Blutes (Opfertod Christi), Symbol „Kreuz“ als Hinweis auf das Christentum
Recha versinkt im Sand.	Die „alte“ Recha der Kindheit geht unter, die Identitätssuche beginnt.

Traum als Auseinandersetzung mit dem ersten Verliebt-Sein, gleichzeitig auch mit dem eigenen Erwachsen-Werden

LITERATUR

Zitierte Ausgabe:

Pressler, Mirjam: *Nathan und seine Kinder*. Roman. Taschenbuchausgabe. Weinheim, Basel: Beltz & Gelberg, 18. Auflage 2023 (unveränderter Nachdruck der 1. Auflage 2011).

Weitere Quellen:

Lessing, Gotthold Ephraim: *Nathan der Weise. Ein dramatisches Gedicht in fünf Aufzügen.* Stuttgart: Reclam, 2000.

Boccaccio, Giovanni: *Das Dekameron*. Übersetzt von Karl Witte. Bd. 1. 3. Auflage. Leipzig: Brockhaus, 1859.

Lessing, Gotthold Ephraim: *Die Erziehung des Menschengeschlechts und andere Schriften*. Mit einem Nachwort von Helmut Thielicke. Stuttgart: Reclam, 1965.

Kant, Immanuel: *Beantwortung der Frage: Was ist Aufklärung?* In: Kants Werke. Bd. 4. Hg. von Artur Buchenau und Ernst Cassirer. Berlin: Cassirer, 1922.

King, Martin Luther: *Testament der Hoffnung. Letzte Reden, Aufsätze und Predigten*. Eingeleitet und übersetzt von Heinrich W. Grosse. Gütersloh: Gerd Mohn, 1989.

Pressler, Mirjam: *Nimm deine Kindheit und lauf, eine andere kriegst du nicht.* In: Gelberg, Barbara (Hg.): Werkstattbuch Mirjam Pressler. Weinheim, Basel: Beltz & Gelberg, 2001, S. 59–67.

Pressler, Mirjam: *„Ich wehre mich gegen ein zwangsläufiges Happy End" – Interview mit Mirjam Pressler*. In: Gelberg, Barbara (Hg.): Werkstattbuch Mirjam Pressler. Weinheim, Basel: Beltz & Gelberg, 2001, S. 11–16.

Handreichung für Lehrerinnen und Lehrer:

Stemmer-Rathenberg, Anke: *Nathan und seine Kinder im Unterricht.* Lehrerhandreichung zum Jugendroman von Mirjam Pressler. 2. Aufl. Weinheim, Basel: Beltz, 2011.

Sekundärliteratur:

Düffel, Peter von: *Erläuterungen und Dokumente. Gotthold Ephraim Lessing, Nathan der Weise.* Stuttgart: Reclam, 1972.

Gansel, Carsten: *Der Adoleszenzroman. Zwischen Moderne und Postmoderne*. In: Günter Lange (Hg.): Taschenbuch der Kinder- und Jugendliteratur. Band 1. Baltmannsweiler: Schneider, 2000, S. 359–398.

Gelberg, Barbara (Hg.): *Werkstattbuch Mirjam Pressler.* Weinheim, Basel: Beltz & Gelberg, 2001.

Kinder, Hermann; Hilgemann, Werner: *dtv-Atlas Weltgeschichte. Bd. 1: Von den Anfängen bis zur Französischen Revolution.* München: dtv, 1964.

Kolk, Rainer: *Art. „Adoleszenzliteratur"*. In: Burdorf, Dieter; Fasbender, Christoph; Moennighoff, Burkhard (Hg.): Metzler Lexikon Literatur. 3., völlig neu bearbeitete Aufl. Stuttgart, Weimar: Metzler, 2007, S. 5 f.

Payrhuber, Franz-Josef; Richter, Karin: *Art. „Mirjam Pressler"*. In: Franz, Kurt; Lange, Günter; Payrhuber, Franz-Josef (Hg.): Kinder- und Jugendliteratur. Ein Lexikon. 35. Erg.-Lfg. Meitingen: Corian-Verlag, 2009.

Wilpert, Gero von: *Sachwörterbuch der Literatur*. 7., verbesserte und erweiterte Auflage. Stuttgart: Kröner, 1989.

ne Notizen

Eigene Notizen